EXTRAIT

DE LA

REVUE CONTEMPORAINE

LIVRAISON DU 28 FÉVRIER 1858

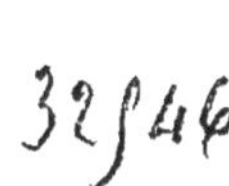

PARIS. — IMPRIMERIE DE DUBUISSON ET Cᵉ, RUE COQ-HÉRON, 5.

DES TRANSPORTS

A PRIX RÉDUITS

SUR

LES CHEMINS DE FER

PAR

M. ÉDOUARD BOINVILLIERS

Maître des requêtes au Conseil d'État

PARIS

AUX BUREAUX DE LA *REVUE CONTEMPORAINE*

Rue Mazarine, 9.

1858

TRANSPORTS A PRIX RÉDUITS

SUR LES CHEMINS DE FER

Vœux des Chambres de Commerce et des Comités consultatifs des arts et des manufactures. — Pétitions adressées à l'Empereur, pétitions adressées au Sénat, au sujet des transports à prix réduits, et notamment des tarifs différentiels et des traités particuliers. — Rapport de M. le baron Charles Dupin. — Jugement du tribunal de Rouen, arrêts des Cours impériales de Rouen et de Paris, arrêt de la Cour de cassation. — Consultation de M. de Vatimesnil. — Etat de l'industrie des transports par eau pendant les années 1851, 1853, 1855 et 1856.

La France est ruinée ! Pourquoi ? Parce que nos chemins de fer transportent à trop bon marché !

Voilà, réduite à ses termes les plus simples, toute la question des transports à prix réduits. Quelques industries, non pas anéanties, mais déplacées par les efforts heureux des compagnies de chemins de fer, et plus encore par la force même des choses, veulent prouver au pays qu'il est appauvri ; le pays, cependant, ne voit pas bien comment, payant moins cher les transports, il peut être appauvri par ses propres économies. On comprend que, posée en ces termes, la question serait trop facile à résoudre. Aussi les intéressés l'ont-ils obscurcie à dessein. Détournant le public de la simple comparaison qu'il aurait pu établir entre les pertes minimes éprouvées par quelques industries et les énormes bénéfices réalisés par la masse des citoyens, ils ont fait appel à des sentiments qui nous sont chers à tous, mais dont ils abusent ; ils ont crié à la violation des principes de 1789 ; à l'oppression du faible ; à l'oubli de la liberté et de l'égalité, et obtenu, par ce trop facile moyen, les sympathies qu'on obtient toujours quand on se dit, même faussement, le défenseur de certaines idées.

Il faut s'entendre cependant, et puisqu'on a mis en avant les plus grands intérêts sociaux et politiques du pays, qu'il nous soit permis de dégager le débat d'éléments qu'on n'aurait jamais dû y apporter.

Les plus nobles principes sont ceux dont on peut le plus facilement abuser ; les plus grandes idées sont celles que la passion ou l'erreur peuvent le mieux exploiter à leur profit.

Rien de plus beau, assurément, que les grands principes de droit et d'égalité mis au jour par la révolution de 1789. Et, pourtant, à quelles interprétations fausses et dangereuses ne se sont-ils pas prêtés? Contestés violemment pendant toute la période révolutionnaire, attaqués faiblement encore par la Restauration, ils se sont enfin assis définitivement dans notre société. Dès lors, un nouveau danger a commencé ; le triomphe est devenu plus périlleux pour eux que ne l'avait été la lutte. Ils n'avaient plus à redouter des adversaires déclarés : des ennemis perfides ou des amis peu clairvoyants les ont exagérés, et deux fois déjà cette tactique ou cet égarement ont porté leurs fruits. Deux fois, pour avoir voulu aller trop loin, on est arrivé sur le bord de l'abîme. On voulait un gouvernement dont l'action fût contrôlée par une assemblée librement élue, et, en tremblant de laisser trop de pouvoir à la royauté, on s'est jeté dans la République. On avait combattu pour avoir cette égalité vraiment démocratique qui n'est que le droit pour chacun de s'élever suivant ses vertus et son mérite, et l'on a failli avoir cette égalité socialiste, qui n'est que le droit pour tous d'être rabaissés au même niveau, sans distinction de mérite ni de vertus. C'est l'histoire de 1792 ; c'est celle de 1848.

Rien de plus beau sans doute que la haine de l'oppression, la protection du pauvre et la défense du faible. Mais, dans notre société démocratique, en l'absence de tout privilége, il peut se faire que le pauvre n'ait pas raison contre le riche, que l'humble n'ait rien à reprocher au puissant. Autrefois, il fallait du courage pour défendre les petits contre les grands ; aujourd'hui, je crains bien que les rôles ne soient changés et que ce soient ces derniers qu'il faille protéger contre les sévérités injustes de l'opinion. Pour ne citer qu'un exemple, à combien d'attaques n'ont pas été exposés, sous la dernière monarchie, les hommes qui étaient placés au pouvoir? Un opposant, par cela seul qu'il était opposant, devenait sacré ; le gouvernement, par cela seul qu'il était le gouvernement, avait droit à la calomnie et à l'injustice. Avec un pareil système, les situations élevées n'étaient plus tenables ; le bien qu'on aurait voulu y réaliser n'était plus possible. Aujourd'hui, les choses ont changé, du moins dans l'ordre politique : le pouvoir, fort et respecté, est au-dessus des atteintes des partis. Mais l'abus détruit d'un côté a reparu de l'autre, et la calomnie, en changeant d'objet, n'a pas changé de caractère. On ne pouvait plus attaquer le gouvernement ; on s'est tourné vers des puissances nouvelles, que leur situation, comme leur richesse, exposait aux coups de l'envie ; nous voulons parler des compagnies industrielles et commerciales, fondées la plupart sous la généreuse et féconde protection de l'Empereur. Ces puissantes associations, qui ont doté notre pays de son réseau de chemins de fer, ont été particulièrement l'objet d'attaques aussi injustes qu'inopportunes. Une question s'est présentée, qui pouvait soulever quelques difficultés pratiques : aussitôt l'opinion publique s'est émue ; les chambres de commerce ont porté, avec un formidable ensemble, leurs réclamations, leurs prières, leurs doléances, au pied du trône : pétitions à l'Empereur, pétitions au Sénat, consultations de célèbres jurisconsultes, tous les moyens ont paru bons, pourvu qu'ils pussent affaiblir la puissance de ces utiles et prospères associations. Quel est le principe de toute cette agitation ? Est-elle dans la question même ? Non, car cette question n'aurait pas dû être un instant douteuse, comme nous le prouverons tout à l'heure. Ne serait-il pas alors dans le sentiment de secrète et involontaire envie qu'inspire la situation particulière de ces grandes compagnies ?

Qu'on cesse donc d'invoquer des arguments qui n'ont rien à faire ici. Qu'on cesse de mettre en avant les principes de 1789, et les intérêts sacrés de l'égalité, qui, s'ils sont compromis, le sont par ceux mêmes qui prétendent les défendre.

La question est simple : il faut la poser simplement. Elle a été soulevée en principe et en fait : il faut la résoudre par le droit et par l'expérience. Les transports à prix réduits sont-ils justes, sont-ils utiles ? Voilà tout ce que nous avons à examiner.

I

Tout d'abord, et pour fixer les éléments d'une question qui est encore imparfaitement connue du public, on nous permettra de préciser le sens des mots « tarifs différentiels, traités particuliers, tarifs d'abonnement et tarifs internationaux, » qui sont les diverses espèces de transports à prix réduits dont on se plaint particulièrement.

Les *tarifs différentiels* proprement dits sont des tarifs à prix réduits, ordinairement accordés à raison de la distance parcourue.

Ainsi on paie moins cher, proportionnellement, pour faire un long trajet que pour en faire un petit. Exemple : la tonne coûte de Paris à Amiens (147 kilom.), 12 fr. ; d'Amiens à Lille (127 kilom.), 12 fr.; total, 24 fr.; tandis que le trajet direct de Paris à Lille ne coûte que 19 fr. Ce tarif est l'opposé du tarif kilométrique, dans lequel on paie en raison du nombre des kilomètres parcourus.

Les *traités particuliers* sont des tarifs à prix réduits, accordés, non pas à tout le monde, mais à certaines personnes qui ont fait des marchés avec la compagnie, et qui peuvent remplir certaines conditions stipulées dans le marché. Ces traités peuvent varier un peu, d'après les conditions qui y sont contenues. Les plus usités sont *les traités avec minima*, par lesquels le négociant, pour obtenir le transport à prix réduit, s'engage à fournir à la compagnie un minimum de tonnage déterminé. Les *tarifs d'abonnement* sont de la même nature. Ce sont des traités par lesquels un négociant, pour obtenir une réduction sur le prix du transport, s'engage à faire transporter tous ses produits exclusivement par la compagnie avec laquelle il traite. On appelle *tarifs internationaux* des tarifs à prix réduits, qui s'appliquent, non pas à nos nationaux, mais aux commerçants des pays voisins. Un tarif sera dit international s'il permet de transporter, par exemple, les produits prussiens à un prix inférieur au tarif commun.

Le *tarif de détournement* a pour effet de faire payer aux marchandises qui voyagent entre deux localités, non desservies par une voie directe, le même prix que si cette voie existait. Exemple : de Strasbourg à Marseille, les marchandises passent par Paris ; par suite d'un traité entre les compagnies de l'Est et de Lyon, elles paient, non pas d'après le nombre de kilomètres réellement parcourus entre Strasbourg et Paris, puis entre Paris et Marseille, mais d'après le nombre de kilomètres qui seraient parcourus sur une voie ferrée joignant directement Marseille à Strasbourg. Ces sortes de tarifs peuvent résulter, soit de l'entente de deux compagnies, comme dans l'exemple que nous venons de citer, soit de la décision d'une seule compagnie desservant plusieurs voies différentes.

Maintenant que nous avons bien précisé les éléments du débat, laissons la parole à ceux que nous croyons devoir combattre, et analysons aussi brièvement, mais aussi fidèlement qu'il nous sera possible, les pétitions et les vœux adressés à l'Empereur, aux Ministres, au Sénat, contre l'usage des transports à prix réduits. Presque toutes les pétitions s'appuient, pour attaquer les transports à prix réduits, sur un article des statuts, que nous citons ici, parce qu'il reviendra constamment dans le cours de la discussion ; c'est l'article **35**. Il est ainsi conçu : *La perception des taxes devra se faire par la compagnie indistinctement et sans faveur.*

STRASBOURG. — 19 février 1854. — Vœu de la chambre de commerce. Strasbourg, par sa position, a toujours servi d'entrepôt entre la France et l'Allemagne. Cet avantage lui sera enlevé si la compagnie de l'Est applique aux marchés allemands correspondant directement avec l'intérieur de la France un tarif à prix réduits, tandis qu'elle exige à Strasbourg le plein du tarif. Exemple : les houblons. Cet article est produit en abondance par Bade, la Bohême et la Bavière. Quand il vient directement de tous ces points à Paris, il ne paie que 5 fr. les 100 kilogr.; s'il est mis en magasin à Strasbourg, il paie 9 fr. 15. Il faut remarquer que la France produit elle-même une grande quantité de houblon. Ainsi les produits allemands sont favorisés au détriment des produits français. Autre exemple : les laines allemandes qui viennent recevoir une première préparation à Strasbourg et à Bischwiller, paieront plus si elles ont touché barre dans ces deux villes que si elles ne faisaient que les traverser pour aller se faire préparer ailleurs.

Pour remédier à de pareils abus, la chambre émet le vœu *que les taxes soient perçues par kilomètre, sans distinction entre les diverses fractions de la ligne ou entre les marchandises de provenance, soit française, soit étrangère; qu'étant donnée une taxe de 10 cent. par tonne et par kilomètre, la même marchandise circulant sur quelque partie de la ligne que ce soit, ne puisse être assujettie à une taxe différente.*

STRASBOURG. — 25 avril 1856. — Pétition au Sénat, signée par 73 fabricants de la ville. Signale des faits analogues, et conclut de la même manière. Selon cette pétition, le tarif international appliqué sur les chemins de fer de l'Est est différentiel, en ce sens que les produits compris dans la première classe paient, entre Paris et Strasbourg, 76 fr. 25 la tonne, tandis que les produits similaires venant d'Allemagne ne paient que 50 fr.

LYON. — 14 mars 1854. — La chambre de commerce appelle l'attention du ministre sur les abus signalés par la chambre de commerce de Strasbourg, mais regarde le remède proposé par cette dernière comme trop absolu. Il serait difficile, et en même temps préjudiciable à l'intérêt général, d'astreindre les compagnies de chemins de fer à n'avoir en toute circonstance qu'un tarif parfaitement identique. Il semble qu'une certaine latitude puisse être laissée à cet égard, surtout lorsqu'il s'agit de faciliter le développement de certaines industries et d'augmenter en même temps le trafic des voies ferrées.

AMIENS. — 20 mars 1854. — Chambre de commerce. Les effets des tarifs différentiels affectent principalement les localités qui se trouvent entre les points extrêmes du parcours des chemins de fer. Ainsi, par suite des tarifs différentiels qui accordent des avantages aux marchandises directement transportées de Paris à Lille, Amiens, placé entre ces deux villes, voit diminuer de jour en jour son activité commerciale.

Rouen.—2 mars 1855. — La Chambre de commerce fait l'historique du procès Vasse. Ce procès, qui a eu un grand retentissement, se plaidait entre la compagnie de l'Ouest et le sieur Vasse, constructeur de navires. La compagnie avait fait un traité particulier avec un constructeur du Havre, M. Normand; par ce traité, elle s'engageait à transporter les bois de cet industriel au prix de 4 fr. 55 la tonne, à la condition que M. Normand lui assurerait un minimum de tonnage déterminé. M. Vasse, qui, n'ayant pas de traité particulier, payait le prix ordinaire de 10 fr. 50, intenta un procès à la compagnie.

La Chambre reconnaît que le chemin de fer a d'abord rendu de grands services en stimulant la concurrence fluviale. La batellerie de Rouen à Paris a, en effet, abaissé ses prix de 24 fr. à 8 fr. Mais les traités particuliers sont funestes au commerce de Rouen, qui est de demi-gros; les mêmes dangers n'existent pas pour le Havre, dont les négociants peuvent facilement faire des transports de 4,000 kilog.

Rouen.—9 juillet 1856.—La Chambre de commerce demande que le ministre use de la faculté qu'il a d'annuler les traités particuliers, en déclarant que l'avantage accordé à quelques-uns doit être offert à tous. L'intérêt de Rouen particulièrement exige cette mesure. Par suite d'un traité particulier, une maison de Dieppe, qui fournit au chemin de fer 8,000 tonnes par an, ne paie que 10 fr. 80 la tonne, tandis que les négociants de Rouen, pour 62 kil. de parcours de moins, paient 15 fr. Aujourd'hui on ne se contente plus de traités avec *minima*; on exige des fabricants un engagement d'honneur de confier tous leurs produits aux chemins de fer. Par ce moyen, on ruinera la batellerie; puis, une fois la concurrence anéantie, on relèvera les tarifs des chemins de fer. La chambre demande la suppression des traités de faveur et des tarifs différentiels.

Rouen.— Pétition adressée au Sénat et portant les noms de cent soixante-quatorze signataires de la ville ou du département: discute longuement l'art 35 du cahier des charges, rappelle les faits indiqués par les Chambres de commerce, en ajoute quelques-uns de nouveaux, soutient que les tarifs différentiels donnent en moyenne aux privilégiés un bénéfice de 40 p. 0/0 sur le tarif ordinaire.

Nancy. — 19 juin 1855. — La Chambre de commerce réclame contre les tarifs différentiels. Par exemple, les plâtres de Paris et de la Moselle jouissent d'un tarif variable qui s'abaisse en raison de la distance parcourue, et arrivent ainsi à ne payer que 0,01 c. par kilom., tandis que ceux de Saint-Nicolas, Eineville, etc., paient 0,06 c. Il y a là une évidente injustice.

Metz. — 1er août 1855. — La Chambre de commerce se plaint des tarifs différentiels. Pourquoi la ferronnerie des ordonnances prise à Reims, Bar-le-Duc, Châlons, paie-t-elle 0,10 c., tandis que celle qui est chargée sur le chemin de fer dans le département de la Moselle paie 0,15 c.? Pourquoi les laines chargées à Strasbourg sont-elles tarifées à 0,10 c. et celles de Metz à 0,15 c.?

METZ. — 10 décembre 1855. — La Chambre de commerce s'associe aux conclusions de la Chambre de Rouen, à l'occasion de l'affaire Vasse, invoque de nouveaux faits, cite un tarif international qui favorise les verreries, les peluches, les draperies, les pelleteries, etc., venant d'Allemagne, au détriment des mêmes articles fabriqués en France; demande *l'égalité de prix par classe, par tonne et par kilomètre.*

METZ. — 8 avril 1856. — Pétition adressée au Sénat et signée par deux cents fabricants ou négociants de la Moselle ; s'associe aux vœux de la Chambre de commerce, réclame avec énergie contre les tarifs différentiels et les traités particuliers, fait appel à la générosité de l'Empereur, qui saura défendre le faible contre le fort, les opprimés contre les oppresseurs.

NANTES. — 28 janvier 1856. — La Chambre de commerce rappelle des traités passés par la compagnie d'Orléans : 1° avec les Messageries générales, pour leur accorder une réduction de 7 fr. par tonne sur les vins expédiés de Bordeaux à Paris; 2° avec une compagnie marchande de sel, pour le transport de cette denrée à prix réduit; 3° avec des marchands de vins du Midi, pour leur faire payer seulement 16 fr. 82 par tonne, de Nantes à Orléans, et 24 fr. 72 de Nantes à Ivry, tandis que le tarif commun était de 36 fr. et de 41 fr. 50.

DIJON. — 16 février 1856. — Pétition imprimée et adressée à l'Empereur. Rappelle l'article 50 du cahier des charges[1] ; signale l'abus des traités particuliers et y voit une injustice flagrante ; signale également l'abus des tarifs de détournement. Grâce à un tarif de ce genre, toutes les marchandises expédiées de l'Alsace ou de la Lorraine vers Marseille, passent par Paris, en parcourant 500 ou 600 kilomètres de trop, et désertent la route directe de la Saône et des canaux.

La pétition se termine ainsi : « Sire, les destinées de la France sont en vos mains, vous êtes le protecteur des droits et des intérêts de tous vos sujets, et vous ne souffrirez pas qu'une industrie, à laquelle la fortune publique paraît avoir été livrée, abuse de ses priviléges en éludant les conditions qui lui ont été imposées, et, au lieu de la prospérité qu'elle devrait répandre autour d'elle, ne sème que la désolation et la ruine. »

ORLÉANS. — 1er mars 1856. — Pétition adressée au Sénat et signée par 730 commerçants d'Orléans ou du département du Loiret : se plaint de l'abus des tarifs différentiels et des traités particuliers. Exemple : la compagnie du chemin de fer, en portant les vins blancs nantais à meilleur compte de Nantes à Paris que de Nantes à Orléans, a ruiné les vinaigriers de cette dernière ville. Exemples analogues pour le transport des sels et des grains. Abus des tarifs de détournement, qui, en éloignant les marchandises de leur route naturelle, tuent les concurrences, et particulièrement la concurrence fluviale.

« Dans cette lutte à outrance, dit la pétition, dont le but serait la domination de quelques hommes d'argent sur la société européenne, les

---

[1] Identique à l'art. 35, dont nous avons parlé plus haut.

individus, les villes, les provinces ne sont comptés pour rien. Ce qu'il faut uniquement à ces *hommes*, c'est la richesse aux deux extrémités de leurs lignes pour avoir un grand mouvement de marchandises et beaucoup de kilomètres à parcourir. »

Paris. — **21 mars 1856.** — La Chambre de commerce signale les abus des tarifs à prix réduits et des tarifs *communs;* non contentes d'accorder des prix de faveur pour les négociants qui ont des traités avec elles, les compagnies s'entendent entre elles pour faire profiter ces clients privilégiés des mêmes avantages sur le parcours des différentes lignes. Ces combinaisons sont contraires à l'égalité ; elles seraient licites si les compagnies n'avaient pas de privilége. Les tarifs différentiels sont légaux ; la loi les reconnaît ; mais l'équité voudrait que, lorsqu'une réduction a été consentie pour les deux points extrêmes de la ligne, les localités intermédiaires fussent admises à jouir de la même réduction. Il est d'ailleurs à craindre qu'une fois la concurrence tuée par ces moyens, les compagnies ne relèvent leurs tarifs. Les tarifs internationaux nuisent à l'industrie française et bouleversent toutes nos lois douanières.

Bar-le-Duc. — **26 avril 1856.** — La Chambre de commerce sollicite l'abolition des tarifs différentiels et des traités particuliers. Entre Forbach et Paris, les houilles et les cokes de Prusse, par wagon complet de 5,000 kilog., ne paient qu'à raison de 18 fr. 30 les 1,000 kilog., tandis que le prix commun est de 22 fr. 30 les 1,000 kilog.

Les Chambres de commerce de Besançon, Bolbec, Boulogne, Cherbourg, Clermont-Ferrand, Gray, Fécamp, Laval, Marseille, Nogent-le-Rotrou, Reims, Saint-Etienne, Saint-Malo, Tours, Toulon réclament contre les tarifs à prix réduits, et demandent au gouvernement de forcer les compagnies à appliquer le tarif kilométrique.

Enfin, Bayonne, Boulogne, Dunkerque, La Rochelle, Montpellier, Pont-Audemer, Quintin, Saint-Omer, sans demander expressément l'application du tarif kilométrique, réclament aussi l'abolition des principaux tarifs à prix réduits, ce qui revient absolument au même.

Trois Chambres de commerce seulement se prononcent en faveur des transports à prix réduits : ce sont celles de Lyon, de Mulhouse et de Flers.

Si le lecteur a eu la patience de suivre jusqu'au bout cette longue et sèche analyse, il n'aura pas de peine à retrouver, au milieu de tant de réclamations diverses, un fonds commun d'idées. Il aura vu que cette agitation part principalement de deux ou trois grands centres manufacturiers, tels que Rouen, Orléans, Strasbourg. Il aura remarqué, ensuite, que les pétitionnaires s'accordent à signaler, en principe, l'illégalité des tarifs à prix réduits, en fait, leur funeste influence. En principe, disent-ils, une telle inégalité est contraire aux maximes posées par la Révolution de 1789, et qui sont restées la base de notre droit ; en fait, elle constitue une flagrante injustice; elle ruine l'industrie ; elle compromet la fortune du pays. C'est au nom de droits sacrés, méconnus, d'après eux, c'est au nom d'intérêts respectables, lésés, qu'ils multiplient leurs réclamations, qu'ils assiégent les grands corps de l'Etat de leurs plaintes, qu'ils font appel, enfin, à la générosité de l'Empereur, et tâchent de séduire un cœur que chacun sait compatissant pour les faibles et favorable aux intérêts des petits.

En présence de vœux émis avec tant de persistance, et quelquefois tant d'énergie, par d'honorables corporations, vouées par leur situation même à la solution des questions pratiques qui intéressent le commerce et l'industrie, nous aurions hésité à nous prononcer dans un sens contraire, si nous n'avions eu la conviction intime et profonde d'une grande injustice à réparer et d'un véritable danger à prévenir. C'est au nom des mêmes principes, des mêmes intérêts qu'on met en avant, que nous combattons les mesures proposées par les Chambres de commerce. Nous respectons et nous admirons les principes de 1789 ; et c'est pour cela que, désireux de protéger ces grands principes contre des exagérations qui ne pourraient que les compromettre, nous croyons devoir protester contre l'interprétation qu'on leur donne. Nous n'avons pas de vœu plus ardent que la prospérité de la France ; et c'est pour cela que nous venons défendre une institution qui, loin de mettre en danger cette prospérité, la consolide et l'accroît.

Nous espérons prouver : 1° que les tarifs à prix réduits ont toujours existé, et qu'ils ont été pratiqués dans toutes les entreprises commerciales de transports aussi bien que dans toutes les compagnies de chemins de fer connus ; 2° qu'ils sont à la fois légaux et équitables ; 3° qu'ils ont largement profité à la richesse du pays ; 4° que les intérêts particuliers, qui se prétendent lésés, sont loin de l'être autant qu'ils le disent.

I I

C'est déjà une forte présomption en faveur du système des tarifs à prix réduits, que d'avoir été universellement pratiqué par toutes les entreprises de transports connues jusqu'à l'établissement des chemins de fer. Nous ne croyons pas énoncer une vérité bien neuve en rappelant que le roulage, la batellerie, le commerce maritime ont, les premiers, imaginé, créé, appliqué ce système de tarifs, qu'ils veulent maintenant proscrire chez leurs rivaux ; et cela non-seulement en France et de nos jours, mais dans tous les pays et dans tous les temps. Alors ils décoraient du nom de liberté des transactions, ce qu'ils appellent aujourd'hui l'arbitraire des compagnies; ils trouvaient licites, entre leurs mains, des avantages qu'ils jugent criminels entre les mains des autres ; et, recueillant les fruits qui résultent toujours d'un trafic plus considérable, même à prix réduit, ils ne songeaient point à s'en plaindre. Nous savons bien ce qu'on va nous répondre : c'est que ces entreprises étaient libres, que la concurrence y était possible, facile, fréquente, que les compagnies de chemins de fer, au contraire, jouissant des avantages du monopole, doivent en subir les inconvénients, qu'autorisées et soutenues par le gouvernement, elles doivent être réglementées aussi par le gouvernement. Laissons donc de côté toutes les autres entreprises de transports, et examinons si, en quelque pays que ce soit, un chemin de fer a pu s'établir sans recourir au système des tarifs à prix réduits, à cet unique et inévitable moyen d'attirer les gros chargements, de créer un trafic considérable, et, finalement, d'accroître la richesse commune.

Ici, les faits sont clairs et concluants; ils répondent à nos adversaires avec une éclatante unanimité. Nulle part, dans les pays les plus libres comme dans ceux où l'autorité administrative est la plus forte et la plus concentrée, nulle part on n'a pu supprimer cette nécessaire liberté de transactions, qui est la vie même du commerce. Nulle part on n'a défendu aux compagnies d'accorder, en présence de certains avantages offerts par les commerçants, des avantages équivalents. Et, en effet, ce serait un bien étrange gouvernement, que celui qui, sous prétexte de protéger ses nationaux, les priverait des bienfaits d'une réduction dans les prix de transports; on a bien pu fixer un maximum, c'est la protection contre les abus du monopole, et nous y reviendrons tout à l'heure; mais non pas un minimum; on a bien pu défendre aux compagnies de transporter à un prix trop élevé, mais qui s'est jamais alarmé de les voir transporter à trop bon marché?

Parlerons-nous de la libre Amérique? Ce serait abuser de nos avantages. On sait l'horreur que les citoyens de la grande république professent pour l'intervention directe et constante du pouvoir central. Là, à vrai dire, il n'y a même pas de maximum; seulement, si des abus se produisaient, si les tarifs donnaient de trop gros revenus, on procéderait à une révision des statuts. Mais revenons en Europe, et examinons des pays soumis, comme le nôtre, à une forte autorité administrative. Qu'y voyons-nous? Dans tous les cahiers des charges des compagnies anglaises, nous trouvons un article ainsi conçu : « La compagnie *peut abaisser* les tarifs quand elle le juge convenable ; elle peut également les relever, pourvu qu'elle ne dépasse pas les limites fixées par le bill de concession. » En Autriche, nous retrouvons la même disposition : « Le tarif établit une limite que la compagnie ne pourra dépasser sans une autorisation expresse du gouvernement ; *mais elle pourra le réduire pour l'ensemble ou seulement pour quelques-uns des objets de transport, pour l'étendue de la ligne entière, ou seulement pour le parcours d'une ou de plusieurs sections : de telle sorte, par exemple, que les prix, par unité de parcours, puissent décroître quand la distance augmente, et que ces prix puissent être mis en rapport avec la nature des marchandises et les facilités que les circonstances de l'exploitation présentent pour le transport*, etc. » Est-il possible d'être plus explicite ? Quant aux chemins de fer Russes, ils ont emprunté textuellement l'article que nous venons de citer pour les chemins de fer autrichiens.

Mais il est un pays où l'expérience est plus concluante encore, parce que ce pays était placé dans des circonstances exceptionnelles et en apparence défavorables au système des transports à prix réduits : nous voulons parler de la Belgique. On sait que les chemins de fer belges sont entre les mains de l'État. Dans une telle situation, il paraît impossible de différencier les taxes comme dans une industrie privée. Le droit de perception est un impôt régulier, fixe, le même pour tous ; il est écrit, publié, affiché dans des conditions de parfaite égalité. Que fait-on alors ? On suppose des distances parcourues différentes de celles qui le sont en réalité ; on établit le prix de transport d'après un tracé en ligne droite, lorsque ce tracé n'existe pas. Par là, on arrive, en fait, à un tarif différentiel ; par là, on établit, sous les apparences de l'égalité, cette nécessaire inégalité qui résulte de la force même des choses et des nécessités commerciales [1].

En France, il en a été de même pendant la courte période où l'État administrait certains chemins de fer. L'administration, quand elle avait entre les mains le chemin de fer de Paris à Lyon, a fait elle-même des traités particuliers qui établissent des tarifs à prix réduits, et dont elle a imposé l'exécution à la compagnie concessionnaire. Pour nous en tenir à un seul exemple, les sels, fontes, houilles, minerais de fer, ont été tarifés à 0,8 c. pour les parcours inférieurs à 100 kilomètres, et à 0,5 c. pour les parcours plus considérables.

Citons un dernier fait. Pendant les négociations entamées à l'oc-

---

[1] Discours de M. Daru à l'Assemblée législative, 1851.

casion du percement de l'isthme de Suez, un premier firman fut accordé par le vice-roi d'Egypte; il contenait ces mots : « Les tarifs des droits de passage du canal de Suez, *concertés* entre la compagnie et le vice-roi d'Egypte, et perçus par les agents de la compagnie, seront toujours égaux pour toutes les nations. » Mais ce concert imposé à la compagnie pour la perception des droits inquiétait tous les financiers de l'Europe. Avec une pareille clause, on ne trouvait pas les fonds nécessaires. Le firman fut modifié, et l'on y introduisit un article ainsi conçu : « Pour indemniser la compagnie des dépenses, etc., nous l'autorisons à établir et à percevoir, pour le passage des canaux et les ports en dépendant, des droits de navigation, de pilotage, de remorquage, de halage, de stationnement, suivant des tarifs qu'*elle pourra modifier à toute époque,* sous la condition expresse... de ne pas excéder, pour le droit spécial de navigation, le maximum de 10 fr. par tonneau de navire et par tête de passager. » En un mot, on établit un maximum; il ne fut pas question de minimum. Aussitôt tous les intérêts furent rassurés, et les 200 millions furent immédiatement souscrits.

De tous ces faits, nous concluons seulement qu'il est au moins étrange de vouloir imposer à la France un système qui n'a jamais été adopté, ni en France ni ailleurs, et de proscrire des marchés qui ont été pratiqués dans tous les pays, dans tous les temps, par toutes les industries de transport, et notamment par celle des chemins de fer. Pourtant, les idées les plus extraordinaires peuvent, à la rigueur, se trouver justes ; tous les peuples peuvent s'être trompés, jusqu'à ce jour; l'expérience peut avoir tort contre la raison. Quittons donc le terrain des faits et examinons le droit.

III

Il semble qu'il suffirait d'une simple lecture des différents statuts des compagnies de chemin de fer pour reconnaître que les transports à prix réduits sont parfaitement légaux. On sait que les contrats qui lient l'Etat avec les sociétés sont divisés en deux parties bien distinctes. Dans la première, on énumère avec détail les charges des concessionnaires; dans la seconde, on indique les avantages qui leur sont concédés; cette dernière portion du cahier des charges est généralement la même dans tous les statuts ; la voici dans son entier :

« 1° Dans le cas où la Compagnie jugerait convenable, soit pour le parcours total, soit pour le parcours partiel de la voie de fer, d'abaisser au-dessous des limites déterminées par le tarif, les taxes qu'elle est autorisée à percevoir, les taxes abaissées ne pourront être relevées qu'après un délai de trois mois au moins pour les voyageurs, et d'un an au moins pour les marchandises. 2° Dans le cas où la compagnie aurait accordé à un ou plusieurs expéditeurs une réduction sur l'un des prix portés au tarif, elle devra, avant de la mettre en exécution, en donner connaissance à l'administration, et celle-ci aura le droit de déclarer la réduction une fois consentie obligatoire vis-à-vis de tous les expéditeurs, et applicable à tous les articles de la même nature. »

Sans doute la perception des taxes doit se faire indistinctement et sans faveur. Mais à quel homme impartial persuadera-t-on que l'équité consiste à traiter sur le pied de l'égalité ceux qui n'offriront pas à la compagnie des conditions égales ? Traiter sans faveur les commerçants, c'est simplement accorder les mêmes facilités, non pas à tous indifféremment, mais à tous ceux qui apportent les mêmes avantages.

Avant l'apparition des théories socialistes, on ne connaissait dans le monde qu'une seule égalité, l'égalité devant la loi. On admettait que tous les hommes n'ont ni la même taille, ni le même mérite, ni la même situation acquise : seulement on s'efforçait de faire à chacun un habit à sa taille, des avantages proportionnés à sa situation et à son mérite. Ce système, qui paraissait équitable, offrait, il est vrai, quelques difficultés d'appréciation ; la nouvelle philosophie en a inventé un beaucoup plus simple. A quoi bon tant de poids et tant de mesures ? A quoi bon établir des différences entre les hommes, puisque toutes les différences doivent disparaître ? Vous avez le tort irréparable d'être un peu plus grand que vos semblables ; vous venez prier un tailleur de vouloir bien vous faire un habit dans lequel vous puissiez entrer ; le tailleur égalitaire vous répondra que vous devez vous soumettre à la commune mesure, et vous donnera un habit moyen, qui serait trop grand pour votre voisin, mais qui, par compensation, est trop petit pour vous. Vous venez dire au directeur d'une compagnie de chemin de fer : « Monsieur, j'ai créé, par mon travail et mon activité, une industrie considérable ; mes produits sont nombreux ; en vous chargeant de les transporter, j'augmente d'une manière certaine votre trafic ; pourrez-vous, en échange, m'accorder des conditions favorables ? » La compagnie devra lui dire : « Monsieur, je suis désolée de ne pouvoir répondre aux avantages que vous m'offrez par des avantages équivalents ; ce serait équitable, mais le gouvernement préfère l'égalité à l'équité ; et il m'ordonne de vous traiter exactement comme monsieur que voilà, qui me donne par an cent fois moins de produits que vous ne m'en offrez. »

2

Malheureusement, le gouvernement n'a pas encore admis ce système commode et ingénieux. La loi, bien loin de défendre les tarifs différentiels et les traités particuliers, a pris soin de les autoriser expressément. Que signifie cette phrase : « *Dans le cas où la compagnie jugerait convenable d'abaisser les taxes, etc.,* » sinon que la compagnie a le droit de diminuer la taxe pour une partie du parcours, c'est-à-dire d'établir des tarifs différentiels ? Que veulent dire ces mots : « *Dans le cas où la compagnie aurait accordé à un ou plusieurs expéditeurs une réduction sur l'un des prix portés au tarif,* » sinon que la compagnie a le droit, le droit évident, d'accorder des conditions favorables à un ou à plusieurs expéditeurs, c'est-à-dire de faire des traités particuliers ?

Mais peut-être le législateur n'avait-il pas prévu lui-même les conséquences des dispositions qu'il établissait ? Peut-être la loi a-t-elle été comme séduite et entraînée, sans le vouloir, vers une voie où elle ne voulait pas s'engager ? Peut-être, quand ces mots y ont été inscrits, s'y sont-ils glissés subrepticement, sans que personne prît la peine de les relever, d'en expliquer le sens, d'en calculer la portée ? Faisons la partie belle à nos adversaires ; examinons encore cette objection.

Dans trois occasions différentes et solennelles, on s'est occupé de cette grave question des transports à prix réduits : une première fois, à la chambre des Pairs, en 1843, à l'occasion de la discussion du cahier des charges de la compagnie du chemin de fer d'Avignon à Marseille ; une seconde fois à la chambre des Députés, en 1844 ; une troisième à l'Assemblée législative, en 1851.

Au palais du Luxembourg, M. le vicomte Dubouchage, M. le baron Dupin, M. Maillart, exprimaient leurs craintes au sujet des tarifs différentiels ; on était arrivé à la discussion de ce fameux article 35, si singulièrement interprété depuis. M. le comte Daru, rapporteur, et M. Legrand, sous-secrétaire d'Etat, les rassuraient de leur mieux, en leur faisant comprendre la nécessité de ces tarifs ; ce dernier orateur s'exprimait ainsi :

« Les tarifs différentiels sont commandés tout à la fois par l'intérêt de l'entrepreneur et par l'intérêt public ; d'abord l'intérêt public est évidemment engagé dans la question, puisque le jeu des tarifs différentiels consiste à diminuer les taxes sur certains points, en les laissant sur d'autres au taux du maximum autorisé. Les tarifs différentiels n'ont donc pour résultat que de procurer des allégements au commerce. L'intérêt de l'entrepreneur est également satisfait, puisque, au moyen des tarifs différentiels, il s'approprie des marchandises et des voyageurs qui, sans doute, lui échapperaient si les taxes n'étaient pas modérées. Qu'est-ce qu'une taxe, d'ailleurs, en matière de concession? C'est le loyer d'un service rendu. Si le service varie d'importance, pourquoi la taxe resterait-elle invariable ?

» Les industries de transport par terre, par eau ou par chemin de fer, ne vivent et ne prospèrent que par les tarifs différentiels. Le roulage par terre différencie ses tarifs à chaque instant. Il demande pour les faibles distances des prix relativement plus forts que pour les grandes distances, et cela se conçoit : sur les courts trajets, les frais de chargement et de déchargement, et les frais généraux de l'entreprise, exercent une notable influence sur le prix de revient. Mais ces mêmes frais s'atténuent et peuvent même s'effacer lorsqu'il s'agit de parcourir un long trajet. Sur les points où le roulage est sûr de trouver des marchandises de retour, il accorde pour l'aller un prix plus doux. Si, au contraire, il doit revenir à vide, force lui est bien de demander un prix plus élevé, lors même que la distance serait exactement la même. Otez-lui le droit de différencier ses prix, vous l'empêcherez évidemment d'exercer utilement son industrie.

» Les mêmes considérations s'appliquent exactement aux transports par eau, et vous avez entendu les exploitants des bateaux à vapeur du Rhône vous dire, l'année dernière, que le fret était le même, de Lyon à Arles, que de Lyon à Avignon, bien qu'Arles et Avignon soient à des distances différentes de Lyon.

» Pourquoi donc priveriez-vous de la même faculté les concessionnaires de chemins de fer? Pourquoi leur ôter le droit de se mouvoir dans les limites d'un maximum déterminé, de manière qu'ils puissent mettre leur taxe en rapport avec les besoins du public et les convenances de leur intérêt? Les tarifs différentiels sont la base de toutes les opérations de l'industrie des transports. Interdire ces tarifs différentiels, c'est paralyser cette industrie, et, je le déclare, sans tarifs différentiels, vous ne trouverez pas de compagnie qui se charge d'exploiter vos chemins de fer. »

C'est après cette discussion que l'article 35 fut voté à une majorité considérable. Dira-t-on que le législateur ignorait ce qu'il faisait, et que les pairs qui votèrent la loi après le discours de M. Daru n'avaient point été éclairés sur les conséquences de leur vote ?

L'année suivante, la même question se présenta à la chambre des Députés, à l'occasion de la concession du chemin de fer d'Orléans à Bordeaux ; les mêmes préoccupations se produisirent ; elles furent combattues de la même manière. Les honorables députés, MM. Lanjuinais, Bineau, Garnier-Pagès combattirent très nettement le système des tarifs différentiels; M. Dufaure, rapporteur, le défendit d'une façon non moins nette ; les amendements proposés par les opposants furent rejetés à une forte majorité ; et la loi fut votée d'après les conclusions du rapporteur. Dira-t-on encore que les députés n'avaient rien compris à la discussion qui venait d'avoir lieu devant eux, et que leur bonne foi avait été surprise ?

Mais allons plus loin : en 1851, cette question déjà deux fois agitée fut de nouveau portée devant l'Assemblée législative. La République durait encore ; le temps n'était point au monopole et au privilége ; les préoccupations d'une égalité inquiète et soupçonneuse étaient plus puissantes que jamais. La question d'ailleurs avait été merveilleusement élucidée ; une sérieuse enquête avait eu lieu devant le conseil d'Etat ; tous les représentants du commerce et de l'industrie avaient été librement entendus. C'est dans cet état de choses que l'honorable M. Kestner se fit l'organe des objections si souvent élevées contre les tarifs à prix réduits, et que M. le comte Daru, rapporteur, lui répondit en ces termes :

« Qu'entend-on par des taxes différentielles? Ce sont des tarifs qui, pour une même nature de marchandises, varient, soit à raison de la quantité livrée par l'expéditeur, soit en raison des distances ou du sens dans lequel le mouvement s'effectue ; ainsi, un expéditeur s'engage à livrer à une compagnie, au lieu d'une tonne apportée accidentellement, par hasard, quatre tonnes par jour, un wagon plein ; un autre expéditeur s'engage à en livrer dix, à équilibrer le mouvement dans les deux sens, à la remonte et à la descente : vous ne leur ferez pas payer le même prix. Comme la compagnie trouve son avantage dans ces offres, et peut réaliser, grâce à un plus fort tonnage ou à un tonnage mieux équilibré, une économie sur ses frais de parcours, elle devra faire participer l'expéditeur, qui le réclame, qui demande un abaissement de prix, aux bénéfices qu'elle lui doit ; elle réduira donc pour lui et pour tous ceux qui se placeront dans la même situation que lui, ses prix généraux de transport.

» Quelquefois, et c'est l'exemple que citait l'honorable M. Kestner, les tarifs varient en raison des plus grandes distances parcourues. Le chemin de fer de Nantes a demandé et obtenu l'autorisation d'établir une taxe différentielle sur les eaux-de-vie du Midi et sur les vins de Bordeaux, qui, venant de loin, ne pouvaient pas supporter les tarifs que les vins récoltés sur le littoral de la Loire peuvent acquitter. A de telles conditions, on ne les transporterait pas. La compagnie a donc abaissé ses tarifs au profit des vins de Bordeaux, et de tous les expéditeurs qui les enverraient pour des quantités égales et pour une même provenance.

» Les tarifs ne varient pas seulement selon la quantité, ni selon les distances ; ils varient aussi selon le sens dans lequel le mouvement s'effectue. Vous savez, en effet, messieurs, que Paris absorbe des approvisionnements considérables et de toute nature, tandis qu'au contraire, il ne rend à la circulation qu'un petit nombre d'objets. De là résulte une mauvaise condition pour les transports ; car les convois sont chargés seulement au retour ; ils sont vides au départ, et, par conséquent, la marchandise qui remonte est obligée de payer non-seulement les frais du convoi qui l'amène à Paris, mais aussi les frais de retour à vide du train qui l'a portée. Lorsque, au contraire, les marchandises sont également abondantes à la remonte et à la descente, comme toute la force motrice est utilisée, les prix de revient diminuent. Pour en arriver là, pour avoir des marchandises descendantes, l'on a réduit énormément les transports des plâtres qui s'extraient autour de Paris; on les a portés jusqu'à des distances très éloignées, au plus grand profit de toutes nos exploitations agricoles.

» Ces tarifs différentiels sont la vie de toute voie de transport, quelle qu'elle soit, routes, chemins de fer et canaux; ils existent sur toutes; ils sont appliqués dans tous les pays du monde, depuis qu'il y a des transports, c'est-à-dire de tout temps. »

Et la loi fut votée.

Il semble vraiment que le hasard se soit plu à entasser toutes les preuves les plus invincibles, toutes les réfutations les plus accablantes contre le système que nous combattons. Jamais loi n'a été plus consciencieusement élaborée, plus nettement expliquée, plus minutieusement discutée, que celle qu'on accuse de manquer de clarté ou d'avoir été votée par surprise. Trois assemblées, animées des sentiments politiques les plus divers, nous dirons même les plus contraires, ont successivement adopté le principe qu'on attaque aujourd'hui ; des hommes éminents l'ont expliqué ; des votes solennels l'ont admis ; l'expérience de tous les temps et de tous les pays le consacre encore. Que veut-on de plus, et quels autres titres demande-t-on à une disposition, pour avoir le droit d'être trouvée légale ?

Nous savons que bien des causes diverses sont venues obscurcir une question qui, en elle-même, était parfaitement claire ; que bien des circonstances ont pu égarer l'opinion du public impartial. D'abord les mots d'égalité, de justice, d'humanité, ont été invoqués par les intérêts mécontents ; et l'on sait quelle puissance ont toujours de pareils mots, même employés mal à propos. En outre, il faut le dire, des hommes graves, autorisés, ceux mêmes quelquefois qui étaient chargés d'interpréter la loi, ont contribué, sans le vouloir sans doute, à en ébranler l'autorité. Quelques décisions prises par la justice, un rapport d'un honorable sénateur, une consultation d'un éminent jurisconsulte ont pu troubler les esprits et jeter quelque obscurité sur le sens de la loi. Qu'on nous permette de discuter ces autorités, si graves qu'elles soient.

Le lecteur se rappelle cette affaire Vasse, si longtemps débattue devant les tribunaux, et qui fut la cause première de bien des pétitions que nous avons analysées ; elle a reçu des solutions diverses, suivant les juges auxquels elle a été soumise ; en présence de cette divergence dans la jurisprudence, nous ne croyons pas manquer au respect que nous devons aux arrêts de la justice, en exposant librement notre opinion.

Le tribunal de commerce de Rouen (jugement du 3 octobre 1855) condamne formellement la compagnie, par les considérations suivantes :

« Attendu, dit-il, que cette compagnie, en soumettant l'abaissement de la taxe des transports à une condition que les uns peuvent remplir, mais à laquelle les autres ne peuvent pas satisfaire, viole l'article 35 du cahier des charges, qu'elle établit entre deux catégories d'expéditeurs une inégalité contraire à la loi et d'autant plus choquante qu'elle est au préjudice du plus faible, etc. »

Il suffira de bien peu de mots pour apprécier la valeur des arguments qui ont séduit le tribunal de commerce : le cahier des charges, en exigeant que tous les citoyens fussent traités indistinctement et sans faveur, a-t-il voulu dire que, quelles que fussent les conditions qu'ils offraient à la compagnie, ils devaient être traités sur le pied de la plus injuste égalité ? Le cahier des charges n'est-il pas le résultat de délibérations législatives sur lesquelles nous nous sommes arrêté à dessein, et qui ont reconnu formellement aux compagnies le droit de présenter, en faveur d'un ou de plusieurs particuliers, des tarifs à prix réduits, juste compensation des avantages qu'ils apportent ? Comment peut-on soutenir, en présence de pareilles discussions, l'illégalité de tarifs trois fois reconnus ? Nous savons bien que, pour jouir de ces tarifs à prix réduits, il faudra offrir à la compagnie certaines conditions que peut seul présenter un commerce étendu ; oui, cela est vrai, et tant que le monde sera régulièrement organisé, tant qu'on verra régner les saines idées de justice et de liberté en matière de commerce, il en sera toujours ainsi ; oui, tant que le socialisme n'aura pas perverti les esprits, on ne voudra pas traiter les hommes avec moins de faveur par cela seul qu'ils auront réussi, et on leur accordera justice, comme s'ils avaient le bonheur d'être malheureux ; on ne divisera pas les commerçants en deux classes : les pauvres, destinés à obtenir non-seulement la justice, mais la faveur, non-seulement l'égalité, mais la supériorité ; les riches, condamnés par les torts de leur situation à l'injustice perpétuelle et à la plus révoltante égalité.

Qu'on ne croie pas cependant que tous les juges soient du même avis que ceux du tribunal de commerce de Rouen ; dans la même ville, devant la cour impériale, le jugement que nous avons rapporté fut cassé ; les considérants qui accompagnent cet arrêt semblent si admirablement faits pour la thèse que nous soutenons, qu'il nous suffira de les citer :

« Attendu, dit l'arrêt, qu'il résulte de l'article 35 de la loi de 1842, que la compagnie du chemin de fer a le droit de faire des traités particuliers avec un ou plusieurs expéditeurs, et de leur accorder une réduction sur l'un des prix portés au tarif ; que ce droit se concilie parfaitement avec l'obligation de percevoir les taxes indistinctement et sans faveur, puisqu'il appartient à tout expéditeur, qui n'aurait pas figuré au traité, d'en réclamer les avantages en se soumettant aux conditions qui en sont la compensation et le prix, etc. »

Répéterons-nous, à l'occasion d'un arrêt de la cour de Paris, en date du 18 février 1856, ce que nous venons de dire au sujet du jugement du tribunal de commerce de Rouen? Les considérants sur lesquels s'appuient les deux décisions de la justice sont identiques ; notre réponse sera la même. Mais, dit-on encore, il faut souffrir cette dérogation aux pratiques du commerce et à la liberté des transactions, parce que la voie ferrée est une voie de monopole. Alors autant vaudrait prétendre que les compagnies de chemins de fer sont tenues de faire voyager les hommes et les marchandises à perte, par cela seul qu'elles ont un privilége ; qu'elles sont obligées de mettre dix employés à la disposition du public dans une station où il ne viendra pas dix voyageurs par semaine ; qu'elles sont forcées de construire une gare spéciale pour recevoir les deux sacs de farine d'un meunier qui débute, par la raison qu'elles en ont fait construire pour des négociants qui fournissent 10,000 tonnes par an ; autant vaudrait dire que l'on doit traiter, sur le même pied, le voyageur qui prend les premières classes, et celui qui prend les dernières. Il n'est pas d'injustices, d'exactions qu'on n'arrive à légitimer en invoquant cette singulière raison du monopole : oui, il y a monopole accordé aux compagnies de chemins de fer, chacun le sait, et le gouvernement n'a attendu les conseils de personne pour pourvoir aux nécessités d'une telle situation ; lorsqu'il n'y a pas privilége, les prix sont libres ; lorsqu'il y a privilége, l'administration établit un maximum ; voilà le frein du monopole ; il est là et non ailleurs ; faut-il donc faire payer deux fois ce privilége, et par le maximum et par des avantages iniques accordés à des gens qui n'ont rien fait pour les obtenir ?

Mais nous avons hâte d'invoquer, pour clore la discussion, une décision récente de la Cour de cassation ; cet arrêt, qui n'a pas encore paru, est ainsi analysé dans la *Gazette des Tribunaux* (29 décembre 1857) :

« Une compagnie de chemins de fer a pu, dans un traité particulier par elle fait avec certains expéditeurs, pour le transport des marchandises à prix réduits, subordonner la réduction au double engagement pris par les expéditeurs de faire transporter, par la compagnie, dans le courant de l'année, une quantité de marchandises s'élevant, au minimum, à un chiffre déterminé, et de n'employer, pour leurs marchandises, aucun autre moyen de transport que la voie ferrée ;

» Les autres expéditeurs, avec lesquels de semblables traités n'ont pas été passés, ne peuvent exiger d'être admis aux mêmes avantages qu'autant qu'ils acceptent les mêmes conditions ;

» Ils ne peuvent, sous prétexte que ces conditions seraient contraires à la liberté du commerce et seraient inacceptables pour les commerçants, dont les affaires ne comportent pas un transport de marchandises aussi considérable que le minimum exigé par la compagnie, se faire admettre au transport à prix réduits, sans subir les conditions imposées par la compagnie à ceux qu'elle y a elle-même admis. »

Que le lecteur compare ces différentes décisions de la justice du pays ; qu'il néglige, s'il veut, la prépondérance naturelle qui s'attache aux arrêts de la Cour souveraine ; qu'il ne voie que les raisons qu'elle donne, et nous espérons que son choix ne sera pas douteux.

Nous aurions voulu terminer ici cette partie de notre travail, et n'avoir pas à combattre un adversaire, éminent par sa position, et justement célèbre par ses travaux économiques, mais on tournerait peut-être notre réserve contre nous-mêmes. Nous demanderons donc à l'honorable M. Ch. Dupin, rapporteur au Sénat (16 mai 1856) de différentes pétitions adressées à l'Empereur, par les chambres de commerce, la permission d'exprimer respectueusement, mais librement, notre opinion.

Il n'entre pas dans notre plan d'analyser, même succinctement, ce travail ; nous y reviendrons pour contrôler et discuter les assertions de détails, sur lesquelles s'étend l'honorable sénateur ; ce que nous cherchons en ce moment, c'est toujours le côté légal des transports à prix réduits. Nous ne relèverons donc, dans le rapport, que le paragraphe suivant, qui résume d'une manière saillante et complète la pensée de l'auteur :

« Messieurs les sénateurs, mettons-nous pour un moment à la place du faible et de l'opprimé ; chacun de nous ne doit-il pas se demander avec anxiété : que devient ici le petit commerce, la petite industrie, la petite production ? Chaque individu qui vit de son modeste travail n'est-il pas en droit de vous dire : Quoi ! parce que mes humbles capitaux me permettent seulement des opérations limitées, parce que je n'ai pas d'assez grandes masses à transporter, au lieu de tendre la main à ma faiblesse, on m'accablera par l'inégalité ; et ce sera moi, le plus petit, le plus près du dernier rang, que l'on surchargera pour écraser mon impuissance ! Si l'on nous parle ainsi, que répondrons-nous ? Nul d'entre nous ne peut l'oublier, la constitution fait un devoir au Sénat de maintenir les grands principes de 1789, et notamment ceux qui consacrent l'égalité devant la loi. Par delà 1789, et de toute éternité, dans les pays où règne l'équité, qu'elle soit

écrite ou non dans le pacte fondamental, elle est la loi de Dieu, la loi sa-
crée qui rend les gouvernements respectables et qui les fait aimer des
peuples ! »

On le voit, ce n'est pas seulement la légalité étroite qui résulte
du texte de la loi que l'auteur du rapport invoque, c'est cette légalité plus haute, qui est proclamée en tête de la Constitution et qui
en est comme la base inébranlable. Il est donc encore possible de se
tromper sur ces principes de 1789, qui semblaient désormais en
dehors de toute discussion? Ils ne sont donc pas encore à l'abri du
danger, puisqu'en les exagérant ou en en tirant des conséquences
contraires à la véritable égalité, on peut compromettre leur existence.
Faut-il répéter une fois de plus que traiter les hommes en raison
de la situation acquise par leur travail et leur industrie, c'est rester
fidèle aux principes de 1789, et que leur accorder les mêmes avantages, quelle que soit cette situation, c'est suivre, sans le savoir, les
doctrines du plus pur socialisme.

Si les paroles de l'honorable rapporteur étaient vraies, si les
griefs dont il se fait l'organe étaient fondés, si depuis vingt ans
qu'il y a des chemins de fer en France, on avait toléré, permis,
favorisé l'oppression du faible par le fort, il n'y aurait pas de
termes assez odieux pour flétrir une pareille conduite ; le gouvernement du roi Louis-Philippe, la République, l'Empire lui-
même, seraient dignes de toute la sévérité de l'histoire. Mais ce qui
est vrai, c'est que tout homme, par la force des choses et non par
l'effet de notre législation, rencontre plus de difficultés au début
qu'au terme de sa carrière. On ne jouit pas des avantages du succès
avant d'avoir réussi, des fruits du travail avant d'avoir travaillé.
C'est une loi universelle, et le commerçant, comme tout le monde,
y est soumis. Voyez-le débuter, ce trafiquant obscur, qui deviendra
peut-être un riche négociant, peut-être plus encore : regardez ses
premiers efforts. Il loue sa boutique ; il paiera plus cher relativement que celui qui prend un local plus considérable ; et, comme il
offre peu de garanties, il est probable qu'on exigera son terme d'a-
vance. Il se rend chez un banquier pour faire escompter son papier ;
comme on ne sait pas encore ce que vaut sa signature, on sera plus
difficile pour lui que pour un confrère dont la raison sociale aura été
vingt fois mise à l'épreuve. Il s'adresse accidentellement au roulage
ou à la navigation fluviale pour un transport peu considérable ; le
roulage ou la navigation fluviale lui feront des conditions moins
avantageuses qu'au négociant qui leur fournit constamment et régulièrement un chargement énorme? Que dis-je? la même nécessité
va se présenter à lui non pas seulement en ce qui regarde son né-

goce, mais dans le cours de la vie commune. Prend-il une voiture à l'heure, il la paiera plus cher que s'il la prenait au mois. Va-t-il au théâtre, une stalle lui coûtera plus qu'à son voisin, homme riche et qui l'a louée à l'année. Partout, quoi qu'il fasse, quoi qu'il veuille faire, la même loi dominera tous ses actes. Ce serait donc dans ses seuls rapports avec la compagnie du chemin de fer, que l'éternelle loi des choses serait changée ; partout il a trouvé l'accueil que comporte sa position ; mais en se rendant à la gare, sa personnalité change tout à coup : il était pauvre, il débutait, le voilà riche et traité comme ceux qui ont vieilli dans la carrière ; où trouver la raison d'une aussi flagrante injustice ? Plus tard, ce négociant obscur recueillera à son tour les fruits de cette nécessaire inégalité, et quand il aura acquis, par son industrie, les moyens de faire un commerce plus étendu, de passer des marchés plus importants, de louer ses voitures au mois et ses stalles à l'année, il profitera des avantages attachés à sa situation : et ce sera justice, car lui-même aura fait et cette situation et ces avantages.

IV

Après avoir légitimé en principe les transports à prix réduits, il importe de nous assurer que les Compagnies n'ont pas abusé d'un droit incontestable, et d'examiner la valeur des griefs que les pétitions ont enregistrés avec tant de sollicitude. Si nous ne nous trompons, en faisant abstraction des plaintes qui sont restées à l'état vague ou théorique, et auxquelles nous croyons avoir suffisamment répondu, on peut ramener à cinq les griefs que les chambres de commerce articulent contre les compagnies :

1° Elles se plaignent des tarifs différentiels quant à la distance ; 2° des tarifs dits de détournement ; 3° des tarifs dits internationaux ; 4° de tous ces tarifs comme cause de ruine pour la batellerie et le cabotage ; 5° des traités particuliers.

A la date du 19 juin 1855, la chambre de commerce de Nancy se plaint de ce que les plâtres de Paris et de Nancy, jouissant d'un tarif variable, qui s'abaisse en raison de la distance parcourue, finissent par ne payer qu'un centime par kilom., tandis que ceux de Saint-Nicolas, Eineville, etc., paient six centimes. Mais qui donc est lésé dans une pareille stipulation ? Ce n'est pas assurément le public qui paie son plâtre moins cher ; est-ce l'équité ? On sait cependant qu'il est nécessaire à une entreprise commerciale qui veut prospérer, de faire payer un long parcours relativement moins cher qu'un court trajet. En effet, le chemin de fer est organisé : il paie ses employés, l'intérêt de son capital, sur toute la ligne; si l'on ne se sert que d'une partie de cette ligne, il n'en devra pas moins conserver tous ses frais généraux, sans recueillir les mêmes bénéfices.

La chambre de commerce de Metz, à la date du 1er août 1855, demande au gouvernement pourquoi la ferronnerie des Ardennes, prise à Reims, Châlons, Bar-le-Duc, paie 10 cent., tandis que celle de la Moselle paie 0,05 c.? La réponse est facile : là ferronnerie des Ardennes n'est pas, comme celle de la Moselle, à portée des voies navigables et du chemin de fer; pour que les Ardennes envoient leurs produits sur les grands marchés, il faut de toute nécessité que l'entreprise de transports diminue ses prix; qu'a donc fait la Compagnie? Quel résultat a-t-elle obtenu? Elle a jeté un concurrent de plus sur le marché. Le public doit-il s'en plaindre? Assurément non. La ferronnerie de la Moselle se trouve peut-être lésée. Le commerçant est toujours peu satisfait de rencontrer un concurrent nouveau; mais le consommateur ne partage pas cet avis.

Amiens se plaint (20 mars 1854) qu'il en coûte plus d'aller de Paris à Amiens et d'Amiens à Lille, que de Paris à Lille directement : dans un cas, on paie 24 fr.; dans l'autre, 19 fr. Nous répéterons le même raisonnement que nous venons de présenter contre la chambre de commerce de Nancy. Il est juste qu'une marchandise qui fait 374 kilomètres sur une route quelconque paie moins cher qu'une autre qui ne s'engage qu'à en faire 147 (Paris à Amiens), ou 127 (Amiens à Lille); parce que, pour la compagnie, le prix de revient, dans un cas, est moindre que dans l'autre. Supposez, par hypothèse, que les marchandises, pendant un temps déterminé, s'arrêtent toutes à Amiens; comme les frais continueront d'exister pour la section d'Amiens à Lille, il faudra de toute nécessité que les marchandises paient plus cher, proportionnellement, que si elles utilisaient le réseau tout entier, et donnaient à chacun des kilomètres dont il est composé le revenu qu'on a espéré d'en tirer. Ceci est élémentaire en fait de commerce, et il n'est pas un des négociants d'Amiens qui n'ait eu occasion, dans sa vie, de subir ou de faire subir aux autres les tarifs différenciés de cette manière.

Dans la pétition envoyée au Sénat par la chambre de commerce d'Orléans, on remarque un nouvel exemple de tarif différentiel. Pour aller de Nantes à Paris, dit-on, les vins blancs nantais paient moins cher que pour s'arrêter à Orléans; naturellement Orléans se plaint, parce qu'elle faisait des vinaigres avec ses vins blancs, et que maintenant Paris en fabriquera; le public, en tout cas, ne pourrait que gagner à la concurrence. Mais, cette fois, le danger que redoute le commerce d'Orléans est complétement chimérique.

Il suffit de consulter les tarifs de la compagnie d'Orléans, on verra que les vins et vinaigres nantais paient de Nantes à Orléans 17 fr., et de Nantes à Paris 24 fr., prix proportionnel au nombre de kilomètres parcourus.

La ville de Rouen, qui, comme on sait, est la plus animée dans cette lutte, se plaint plus spécialement des traités particuliers. On connaît toutes les péripéties de cette affaire Vasse, à laquelle la justice vient de donner une solution conforme aux vrais principes commerciaux. Mais en dehors de cette affaire, la chambre de commerce de Rouen relève de nombreux exemples de traités particuliers qu'elle trouve à la fois injustes et illégaux : nous ne reviendrons pas sur la seconde de ces accusations ; mais que trouve-t-on d'injuste, par exemple, à ce qu'une maison de Dieppe, qui s'oblige à fournir aux chemins de fer 8,000 tonnes de marchandises, par wagons complets, qui circulent sur toute l'étendue de la ligne, paie 10 fr. 80 c. la tonne, au lieu du prix commun de 15 fr. (Rouen à Paris) ? Cette maison fait à la compagnie trois avantages très clairs, très faciles à évaluer : un tonnage élevé, le wagon complet, et un long parcours ; si bien qu'en supposant que tout le monde agît de la même manière, la compagnie doublerait ou triplerait ses bénéfices actuels : lui défendez-vous de reconnaître par une modération de prix des avantages aussi considérables ? N'accordez-vous pas, malgré tout, qu'elle contracte librement avec cette maison ? prétendez-vous qu'il ne faut pas avoir égard à l'importance de cet établissement, et qu'il faut le traiter comme s'il ne l'avait pas ? Alors, de même qu'autrefois M. Jourdain faisait de la prose sans le savoir, de même aujourd'hui, et comme M. Prudhomme son petit-fils, vous faites du socialisme sans vous en douter. La ville de Rouen, d'ailleurs, avec une parfaite candeur, nous apprend ce qu'il faut penser de son plaidoyer en faveur de la justice et du droit, et nous instruit de ses ennuis secrets. Rouen, dit-elle, est une ville de demi-gros ; elle ne peut donc pas charger habituellement des wagons complets, comme le font le Havre et Dieppe, qui ont à leur disposition des marchandises d'un fort tonnage. Cela est gênant pour Rouen ; mais supposez que le commerce d'une autre ville consistât en objets de poids minime, comme de la bijouterie par exemple ; que par conséquent les envois de cette ville fussent faits par fractions très peu considérables ; que diriez-vous si elle se plaignait des avantages qu'on vous accorde à vous, qui êtes de demi-gros ! Rouen signale aussi le tort que font, non au public, mais *à sa localité,* comme elle le dit elle-même, les transports à prix réduits qui ruinent son commerce par eau ; nous ne nous arrêterons pas en ce moment sur ce point, parce que nous comptons y consacrer spécialement quelques lignes.

Nantes (28 janvier 1856), regrette que par suite d'un traité passé avec une maison importante, on permette à la compagnie d'Orléans de porter de Paris à Bordeaux les vins de cette dernière ville, avec une réduction de 7 fr. par tonne, quand les vins nantais, qui paient plus cher, ont cependant, pour arriver à Paris, 240 kilomètres de moins à parcourir. Elle se plaint aussi qu'on ait passé avec une maison qui s'occupe du transport du sel, un marché à prix réduits. Elle signale enfin un traité conclu avec certains marchands de vins du Midi qui fait payer à ces vins 24 fr. 72 c. de Nantes à Paris, tandis qu'elle commerce fait ce transport à 41 fr. 50 c. Nous ne saurions partager, au point de vue de l'intérêt général, les regrets de la chambre de commerce de Nantes. Qu'est-il arrivé par suite de ces traités ? Les vins de Bordeaux, les sels et les vins du Midi sont arrivés sur le marché avec un prix moindre que par le passé; pour les vins du Midi même, on peut ajouter, vu la distance du marché, qu'ils n'y seraient pas arrivés sans cette réduction ; les producteurs de vins de Bordeaux et du Midi y ont donc gagné, si les marchands de Nantes y ont perdu. Mais ce qui est capital, c'est que la masse des citoyens a profité de ces transports à prix réduits ; le but du gouvernement et le rôle qu'il joue dans l'économie sociale doivent être non de faire que les marchands de vins vendent leur denrée au meilleur compte possible, mais que les consommateurs la paient au plus bas prix qu'on puisse obtenir. Nous ne saurions d'ailleurs opposer à la ville de Nantes de plus sages réflexions que celles qu'elle s'adresse à elle-même dans le cours de sa pétition : « Les compagnies qui exploitent nos voies ferrées ne manqueront pas d'objecter, dit-elle, que les concessions qu'elles ont faites, ont eu pour conséquence de faciliter des expéditions qui, sans elles, n'auraient pu avoir lieu, d'attirer notamment vers la Loire des transports des vins du Bordelais et du Midi, de faciliter l'expédition des sels, d'étendre d'une manière notable à l'intérieur les débouchés de nos sucres raffinés ; bien que vraie dans une certaine mesure, cette considération ne saurait prévaloir contre les principes d'équité que nous avons posés, etc. » — L'équité veut qu'on traite également les commerçants qui présentent aux compagnies des conditions égales ; l'équité écartée, il reste les avantages que vous signalez et que nous sommes heureux de signaler avec vous.

Orléans (1ᵉʳ mars 1856), que nous avons vu se tromper tout à l'heure, au sujet des tarifs différentiels sur les vins nantais, articule un fait très exact, quand elle dit qu'une maison de commerce de Nantes a obtenu pour ses sels des prix réduits : ces prix réduits étaient la compensation d'avantages réels qu'offrait cette maison; elle s'engageait à un minimum de tonnage annuel (2,000 à

3,000 tonnes). Cette maison a-t-elle, comme on le dit, monopolisé le commerce des sels dans cette contrée? Le mal ne serait pas grand, au point de vue général, puisque ce monopole aurait eu pour résultat de faire baisser le prix de transport de cette denrée, mais l'assertion n'est pas exacte; car, à la maison Jouvellier-Delafosse et C°, qui avait d'abord traité avec le chemin de fer, est venue s'adjoindre la maison Pageault et Charrier; ajoutons, pour écarter complétement cette idée d'un monopole dangereux, que la voie fluviale transporte encore plus de 6,000 tonnes par an.

La chambre de commerce dont nous nous occupons, fait encore à la compagnie un reproche plus étrange que tous les autres : elle regarde comme dangereux les prix réduits accordés pour le transport des grains, parce qu'au départ d'Orléans, les grains n'ont pas la faveur qu'on leur a accordée à Bordeaux, à Nantes, et plus tard à Paris. La mesure que blâme la chambre de commerce fut cependant sollicitée par le gouvernement, qui, ayant d'abord le plus grave intérêt à approvisionner Paris, voulut que les blés étrangers, qui abondaient à Bordeaux et à Nantes, fussent très favorablement traités; puis, quand Paris fut bien pourvu, on demanda et l'on obtint la même faveur au départ de la capitale pour la province; voilà ce dont on se plaint; comme si avant l'établissement des chemins de fer et pendant la disette de 1847, on n'avait pas vu les canaux abuser d'une manière véritablement odieuse, cette fois, du monopole de fait qu'ils exerçaient! Alors une tonne de grains payait 140 fr. pour remonter de Marseille à Lyon, et le même trajet s'est effectué par la voie ferrée pendant la dernière disette au prix de 17 fr. 50.

Mais il aurait été bien plus simple, dit-on, pour ne léser personne, de réduire la taxe pour tout le monde? Que ne demande-t-on aussi et plutôt le transport gratuit : ce serait un système plus radical. La question est de savoir si la compagnie, en abaissant partout ses tarifs, aurait pu recouvrer ses frais, et il est dix fois évident que non; d'ailleurs veut-on supposer que tous les tarifs pour le transport de cette marchandise ou de toute autre, auront été uniformément réduits? Croit-on que les tarifs différentiels et les traités particuliers ne recommenceront pas à paraître? Le maximum, au lieu de rester à 0,14 c., par exemple, sera abaissé de fait à 0,5 c. Mais sur ce prix de 0,05 c. on fera les mêmes combinaisons qu'on avait faites avec les 0,14 c. précédents; on accordera des faveurs à ceux qui présentent des avantages, et l'on continuera d'agir ainsi, tant qu'il y aura une justice commerciale dans le monde.

Metz, Bar-le-Duc, Morlaix, Valenciennes, Strasbourg se plaignent du tarif différentiel international, tarif qui transporte à meilleur compte les produits étrangers que leurs similaires français. Quoique la compagnie de l'Est, à qui l'on reprochait plus particulièrement ces tarifs, ait pris une décision récente qui les supprime (1re classe, tarif national, 72,265. International, 72. — 2e classe, national, 51.60, international 51.70), il n'est pas moins nécessaire d'examiner la question, soit pour ne pas laisser s'égarer l'opinion publique, soit pour faire reconnaître à d'autres compagnies la faculté de se mouvoir dans les limites du juste et de l'utile. On sait l'importance que les gouvernements ont toujours attachée à favoriser le commerce du transit. A tort ou à raison, à raison selon nous, on a considéré que c'était un avantage pour la France, par exemple, de faire aboutir au Havre, en traversant notre pays, les marchandises allemandes, de Vienne, de Berlin et des bords du Rhin. A qui cela peut-il faire tort ? Peut-être, dira-t-on, à notre propre commerce avec l'étranger ; avec l'Amérique, par exemple, qui verra les étoffes de Berlin ou de la Suisse primer sur le marché de New-York nos toiles peintes ou imprimées. Cela est peu probable, car la différence qui existe entre le tarif national et le tarif international, ne compensera jamais le prix du transport plus long de Berlin ou de la Suisse à la frontière française. D'ailleurs ce tarif a un avantage d'une autre nature qu'il importe de ne pas négliger : un des principaux produits des navires qui partent du Havre pour l'Amérique, consiste dans le transport des émigrants. Si les bateaux font leurs frais au départ de France, grâce à ces émigrants, la marchandise de retour pourra être rendue à meilleur compte. Ainsi un navire amène du coton en France : s'il trouve dans nos ports des émigrants qui lui épargnent un voyage à vide, il fera payer moins cher le transport de son coton. — Le tarif international ne peut être qu'avantageux à nos nationaux, lorsqu'il s'agit des produits français qui vont à l'étranger ; c'est comme une prime de plus ajoutée à celle que le gouvernement accorde pour favoriser ce genre de commerce. Enfin il peut se faire que le tarif en question amène en France des produits étrangers destinés à faire concurrence à nos propres produits, sur nos propres marchés. Ici la question doit être examinée de très près, car on peut détruire ou du moins affaiblir la protection que nos lois accordent à certains de nos produits ; c'est là une affaire d'appréciation. Si le tarif international est assez bas pour anéantir le prix de faveur qu'accorde la loi française au produit similaire français, il faudra prohiber ce tarif ; du reste, lors de l'enquête de 1850, M. le directeur des douanes, à qui l'on avait posé cette question, répondit : « que la protection est établie sur des bases assez larges pour que les modifications ouvertes dans les conditions de transport ne doivent pas en changer

sensiblement les effets. » Cette parole est une très précieuse ga-
rantie pour les intérêts qui pourraient être menacés ; et d'ailleurs,
dans ce cas, nous conseillerons toujours un examen consciencieux
et détaillé de la question.

Dijon et Orléans ont cité des exemples de tarifs différentiels dits
de *détournement* qui leur paraissent injustes. La chambre de
commerce de la première de ces villes, se plaint amèrement que les
compagnies de Lyon et de l'Est s'entendent pour attirer les marchandises de la Lorraine et de l'Alsace, qui descendent à Marseille,
de telle sorte qu'ayant à franchir cinq à six cents kilomètres de plus
que si elles se servaient des canaux, elles paient cependant moins
cher que sur ces mêmes canaux. Notre réponse sera toujours la
même : qui veut-on servir, le consommateur ou le marchand ? Si la
denrée paie moins pour se rendre à destination en se servant de la
voie ferrée qu'en prenant la voie d'eau, en quoi le public est-il lésé ?
—Mais les canaux ont à se plaindre. Pourquoi donc ? Croit-on que
les canaux aient été établis pour ceux qui font les transports en se
servant de la voie d'eau, ou pour le consommateur qui a consenti à
s'imposer des sacrifices pour construire les voies qu'il regardait alors
comme économiques ? Si elles ont cessé de l'être, la même raison
qui les a fait établir doit les faire déserter.

D'ailleurs, ce tarif de détournement ne s'applique pas uniquement dans le cas que l'on a cité. Supposons que deux villes se trouvent reliées entre elles par deux voies ferrées perpendiculaires l'une
à l'autre ; si l'on faisait payer le transport kilométrique entre ces
deux points, on commettrait une évidente injustice, car tous les con-
tribuables ont payé pour établir les voies qui existent, et ce n'est pas
la faute des habitants de ces deux localités, si l'on n'a pas encore
construit une ligne directe qui les joigne. En ne faisant payer que
ce qu'aurait coûté le trajet direct, on reste juste, équitable, et on
devance les bienfaits de l'avenir. C'est ce qui est arrivé entre Bordeaux et Clermont ; fallait-il exiger des voyageurs qui voulaient se
rendre de l'une à l'autre de ces villes le prix kilométrique, résultant
du trajet par Orléans, Bourges et Nevers ? Pour aller de Bordeaux à
Nantes, fallait-il faire payer le prix ordinaire de la distance entre
ces deux localités, ou le prix kilométrique du trajet passant par
Tours ? D'ailleurs, l'État a fait plus que reconnaître la légitimité de
pareils tarifs ; plus d'une fois il les a imposés aux compagnies. La
voie de Paris à Mulhouse ne passant pas par Provins, il a été convenu qu'on ne ferait pas payer la distance qui séparera Provins de
la ligne principale ; sur la ligne de l'Ouest, le gouvernement, afin
de pourvoir à une situation analogue, a écrit la clause suivante dans
le cahier des charges : « La distance entre Sillé-le-Guillaume et

Fresnay par le Mans sera comptée pour la perception des tarifs, soit de voyageurs, soit de marchandises, parcourant la distance entière entre ces deux points, pour moitié de la distance réelle ; en conséquence, les prix de transport appliqués à ce parcours ne seront que de moitié des tarifs homologués. »

Le cabotage, si l'on en croit Saint-Malo, Bayonne, La Rochelle, aurait eu beaucoup à souffrir des tarifs différentiels, ou, pour mieux dire, des transports à prix réduits ; nous reviendrons sur ce point en examinant le dommage que la batellerie en général a pu éprouver.

Nous terminerons cette partie de notre tâche en déclarant bien haut que nous n'entendons pas disculper les compagnies de toutes les accusations de détail qui peuvent être et qui sont, pour quelques-unes au moins, parfaitement fondées ; que le public se plaigne quand on ne le sert pas aussi bien qu'il pourrait l'exiger : qu'il exerce une active surveillance sur l'emploi des fonds qu'à titre d'actionnaire ou de souscripteur d'obligations il a confiés aux administrateurs ; qu'il s'émeuve quand on lui révèle des manœuvres coupables dans les hautes ou dans les basses régions de ces compagnies, que l'État contrôle scrupuleusement tous les actes des compagnies, qu'il veille non-seulement à ce qu'on n'agisse pas illégalement, mais même à ce qu'on n'abuse pas d'un droit reconnu, nous trouverons toujours une pareille conduite parfaitement légitime. Mais il ne faut pas confondre des abus particuliers avec un système excellent dans son ensemble, et dont la conservation importe aux intérêts du pays. Faire la guerre aux transports à prix réduits, c'est détruire peu à peu la prospérité des grandes associations qui exploitent nos voies ferrées ; à vrai dire, c'est sacrifier de gaieté de cœur, et sans intérêt avouable, la meilleure partie de la richesse de la France.

C'est à dessein que nous n'avons pas parlé du tarif d'abonnement, que quelques pétitions ont signalé comme abusif ; les préoccupations actuelles du public, les travaux de l'administration sont portés sur ce point ; il importe donc de l'examiner avec un peu plus de détails.

V

On sait que l'administration, par des motifs politiques que nous n'avons pas à examiner, a interdit, pour la première fois, les transports à prix réduits, qu'on appelle *traités particuliers*, dans le cahier des charges du chemin de fer de Saint-Rambert à Grenoble.

3

Cette interdiction s'est bientôt étendue à toutes les compagnies qui avaient à solliciter quelques modifications à leurs concessions, et en septembre dernier le ministre a décidé que dorénavant il ne ratifierait plus de conventions semblables. L'extrême mansuétude qu'a montrée l'administration n'a pas désarmé les intérêts qui se prétendent lésés. On a attribué à un tout autre motif qu'à la bienveillance la conduite du gouvernement; on a répété partout qu'il venait de reconnaître l'illégalité complète des transports à prix réduits, et que ce serait manquer de logique que de souffrir les tarifs d'abonnement, après avoir répudié les traités particuliers. Ce n'est donc pas sans raison que, malgré la décision récente, nous avons tenu à établir d'une manière générale la justice et la légalité des transports à prix réduits; la question présentait d'ailleurs un autre intérêt, car prêter au gouvernement une pensée différente de celle qui l'a guidé dans cette mesure, c'était en même temps l'accuser d'avoir toléré, pendant plusieurs années déjà, l'illégalité et l'injustice.

Pour justifier spécialement les tarifs d'abonnement, il nous semble qu'il n'y a rien de mieux à faire que de prendre une à une, et de réfuter brièvement les raisons qu'un célèbre jurisconsulte, M. de Vatimesnil, a fait valoir contre ces sortes de marchés. Tout le monde sait ce qu'est un tarif d'abonnement : un négociant se présente à une compagnie, et s'engage à lui livrer tous ses produits, quels qu'en soient le nombre, le poids ou la valeur; en retour de l'avantage qu'assure le négociant, la compagnie accorde à ce dernier une modération de prix. Répétons encore une fois ici que ces réductions ne peuvent que profiter au public, et que le gouvernement, tuteur suprême des intérêts de la masse des citoyens, ne saurait que les voir d'un œil favorable; maintenant, abordons les objections.

L'auteur de la brochure voit dans l'adoption de pareils tarifs quatre illégalités bien distinctes; nous nous permettrons de dire à l'honorable jurisconsulte qu'il s'est trompé de mot; c'est probablement injustice qu'il a voulu mettre au lieu d'illégalité. Que dit, en effet, le cahier des charges nouveau? Son article 48 porte : «Dans le cas où la compagnie jugerait convenable, soit pour le parcours total, soit pour le parcours partiel, d'abaisser, *avec ou sans condition*, au-dessous des limites déterminées par le tarif, les taxes qu'elle est autorisée à percevoir, les taxes abaissées ne pourront être relevées, etc.» Il est donc parfaitement légal d'abaisser les taxes, avec une condition déterminée, et ce peut être avec la condition d'abonnement, si l'administration le permet; il en est de l'abonnement comme des tarifs différentiels en général, qui sont inscrits dans la loi, et qui ont cependant besoin, pour être appliqués, de l'autorisation de l'administration. C'est donc vraisemblablement l'iniquité de ces tarifs que la consultation a entendu établir; ces iniquités, avons-nous dit, sont au nombre de quatre :

1° Les tarifs sont iniques, parce qu'ils accordent aux expéditeurs de certaines localités une faveur au détriment de ceux des autres localités; 2° parce qu'ils accordent des réductions par abonnement, au lieu de les accorder purement et simplement et d'une manière absolue; 3° parce qu'ils exigent un chargement d'une importance déterminée; 4° parce qu'ils interdisent à l'abonné de se servir de tout autre moyen de transport.

On prétend qu'il est inique de faire des conditions plus favorables à un abonné du Havre qu'à un abonné de Rouen; mais nous l'avons déjà prouvé, c'est cette prétention qui est injuste. Eh ! quoi? un négociant se sert de toute la longueur de la ligne, l'autre d'une partie seulement; l'un paie les frais généraux de toute la ligne, l'autre une portion de ces frais; l'un apporte à la compagnie plus de bénéfices que l'autre; et l'on veut qu'ils soient traités de même?

La consultation, pour mettre en lumière la seconde injustice des tarifs d'abonnement, suppose, entre le non-abonné et la compagnie, les réflexions suivantes : « Le non-abonné est fondé à dire à la compagnie : vos abonnés ne paient que tant par tonne et par kilomètre, j'entends ne pas payer davantage; autrement il y aurait faveur pour les abonnés, et la loi n'en permet au profit de personne. La compagnie répondra-t-elle que l'abonnement est accordé en considération des conditions auxquelles les abonnés souscrivent, et que le non-abonné n'a pas à se plaindre, puisqu'il ne tient qu'à lui de devenir abonné, en se soumettant aux mêmes conditions? Le non-abonné répondra d'une manière aussi simple que péremptoire : le cahier des charges m'accorde *le droit à l'égalité;* il me l'accorde sans condition; vous ne pouvez subordonner ce droit à aucune condition; lors même que vos conditions seraient accessibles pour moi, je n'entends pas les accepter; ma volonté, à cet égard, est libre, et mon droit reste intact, c'est-à-dire que je puis réclamer le prix convenu entre vous et vos abonnés.... *L'homme qui ne fait faire de transports qu'une fois en sa vie, doit être traité de la même manière que celui qui en fait faire ordinairement.* »

Il est probable que si nous n'avions pas cité textuellement, on ne nous aurait pas cru sur parole. En effet, comment admettre qu'un jurisconsulte grave et éminent professe des doctrines tout au moins si singulières? Quoi ! dorénavant les négociants auront le *droit à l'égalité,* comme naguère on nous menaçait du *droit au travail;* il sera indifférent que les commerçants présentent des conditions plus ou moins favorables; ils seront traités également, comme l'ouvrier paresseux ou inhabile qui devait avoir le même salaire que l'artisan laborieux et intelligent. On a droit à l'égalité, sans condition, dites-vous? Mais alors effacez l'article 48, qui dit que la compagnie pourra abaisser ses taxes *avec ou sans condition*. Et s'il ne fait qu'un transport dans sa vie, il pourra réclamer les mêmes avantages que le plus fort client de la compagnie ; alors décrétez que les compagnies ne sont plus des sociétés de commerce, dites qu'elles ne doivent plus être régies par les lois les plus universellement accréditées dans le monde commercial ; il n'y a pas de si mince marchand qu'une pareille clause ne révoltât, si on voulait l'appliquer à ses propres affaires. On parle de monopole ; mais veut-on donc forcer les compagnies, parce qu'elles ont un privilége, à appliquer les principes du socialisme ? Nous ne parlerons que pour mémoire de la troisième injustice ou iniquité, car, par erreur ou par toute autre cause, la consultation suppose que le tarif d'abonnement, en ce moment en question, admet un minimum de tonnage, ce qui n'est pas exact. Passons donc à la quatrième. « Cette condition, dit M. de Vatimesnil, est une violation de la liberté qui appartient à tout expéditeur. » N'y aurait-il pas là encore une confusion ? Quelle est la liberté que réclame la consultation ? Ce n'est assurément pas la liberté pour le négociant de contracter ou de ne point contracter avec la compagnie : il peut toujours s'adresser à des entreprises rivales. Serait-ce donc la liberté de violer la convention, après qu'elle a été faite ? Il nous est impossible d'admettre que ce soit là la pensée de l'honorable M. de Vatimesnil : aussi avouons-nous que nous n'avons pas bien compris la portée de cette objection.

Le tarif d'abonnement se légitime donc par les raisons qui ont fait admettre tous les transports à prix réduits. Toutefois, comme on fait à ces tarifs plus particulièrement qu'à d'autres le reproche d'écraser les concurrences par eau (batellerie et cabotage), jetons un coup d'œil sur l'état présent de ces industries, et vérifions si, comme on le prétend, elles sont sérieusement menacées.

VI

Voici, à ce sujet, le raisonnement que font les pétitionnaires : la batellerie, le cabotage sont déjà en souffrance, et disparaîtront bientôt ; alors les chemins de fer, débarrassés de toute concurrence, relèveront leurs tarifs, et tout le monde y aura perdu, non-seulement les industries particulières ruinées, mais le public, livré à la discrétion des compagnies. La réponse est simple : 1° la batellerie et le cabotage, loin de marcher vers leur ruine, prospèrent constamment; 2° si, par impossible, ces industries de transport venaient à disparaître, il est à peu près certain que les compagnies de chemins de fer ne relèveraient pas leurs tarifs.

Quand nous disons que la batellerie ne souffre pas, nous parlons d'une manière générale, et nous ne prétendons pas, par exemple, que chaque port de France ait vu son tonnage augmenter constamment depuis l'établissement des chemins de fer; ainsi il est certain que le tonnage de Rouen, comme le constate le rapport de M. Charles Dupin, a diminué dans la période 1844-1854, tandis qu'il avait augmenté dans la période précédente (1834-1844); mais ce qui a causé l'erreur de l'honorable rapporteur, c'est qu'il a pris le tonnage de Rouen comme la mesure exacte de la prospérité ou de la décadence de la navigation générale de la Seine entre Paris et le Havre. Sans doute le chemin de fer a été une des causes de l'amoindrissement du tonnage de Rouen, mais ce n'est pas la seule : le Havre, voulant s'affranchir de l'obligation que lui imposait Rouen de rompre charge dans son port, a organisé des services directs avec Paris. Ensuite un assez grand nombre de marchandises qui venaient par eau jusqu'au Havre, et remontaient la Seine jusqu'à Paris, s'arrêtent maintenant à Nantes, Bordeaux, Marseille. Ainsi le mal, s'il existe, n'est pas dû seulement aux chemins de fer. Mais il y a plus : si l'on se place, non au point de vue restreint de telle ou telle localité, mais au point de vue général, la prospérité des transports par eau n'a fait qu'augmenter. Sans doute, les longs trajets sur eau tendent chaque jour à disparaître; d'un côté, parce que le négociant n'aime pas à attendre un mois pour recevoir sa marchandise et recommencer une opération, et de l'autre, parce que les compagnies de chemins de fer ont pu consentir des prix réduits, à cause des longs parcours. Mais il est arrivé en même que les petits trajets ont considérablement augmenté; de telle sorte que, si on compare le nombre de tonnes qui ont parcouru 1 kilomètre pendant l'année 1855 et pendant l'année 1856, entre Paris et Rouen, on trouvera à l'avantage de cette dernière année 53,000 tonnes[1]. Le chemin de fer, de son côté, en a gagné 80,000. Entre Rouen et le Havre, il y a eu également progression des deux parts : la voie ferrée a gagné 60,000 tonnes, et la navigation, 43,000. Sur le chemin de fer du Nord et en comparant toujours les deux mêmes années, on trouve qu'entre Paris et Valenciennes, le chemin de fer a perdu 118,000 tonnes, et que la

---

[1] Tous ces chiffres sont extraits des tableaux comparés de la navigation et des transports par voie ferrée, dressés par M. l'ingénieur Minard.

navigation en a gagné 158,000 ; qu'entre Dunkerque et Lille, la voie ferrée a perdu 40,000 tonnes, et que la navigation en a gagné 20,000. Sur l'Est, les deux entreprises rivales ont prospéré. Entre Paris et Saint-Dizier, la voie de fer gagne 41,000 tonnes, et la voie d'eau 12,000. Entre Saint-Dizier et Strasbourg, l'augmentation respective des deux voies est de 45,000 tonnes et de 12,000 tonnes. De Paris à Lyon, on fractionne la route en quatre sections : la première, de Paris à Auxerre ; la seconde, de La Roche à Dijon ; la troisième, de Dijon à Châlons, et la quatrième, de Châlons à Lyon. L'augmentation a été constante sur les deux voies concurrentes : la voie de terre a augmenté, dans chacune de ces quatre sections, de 90,000 tonnes, tandis que la voie d'eau s'est accrue de : 1° 3,000 tonnes, 2° 3,000 tonnes, 3° 26,000 tonnes, 4° 33,000 tonnes. Sur le chemin de la Méditerranée, la voie de terre a considérablement augmenté son tonnage, tandis que la voie d'eau a vu le sien diminuer. Si on divise le parcours de Lyon à Marseille en trois sections : 1° de Lyon à Valence, 2° de Valence à Avignon, 3° d'Avignon à Arles, on remarque que la voie ferrée a augmenté : 1° de 247,000 tonnes ; 2° de 247,000 tonnes ; 3° de 557,000 tonnes, tandis que la voie d'eau a diminué dans les proportions suivantes : 1° 170,000 tonnes, 2° 90,000 tonnes, 3° 112,000 tonnes. Cette disproportion énorme avec les résultats que nous venons d'enregistrer, est due en grande partie à ce fait que la section d'Avignon à Valence n'a été ouverte qu'en avril 1855, et que le chemin de fer a pour ainsi dire été paralysé pendant près de la moitié de cette année ; il n'est pas étonnant qu'il ait beaucoup progressé dans l'année 1856, comparée avec l'année précédente. Sur les chemins du Midi, la progression a été constante des deux parts : de Montpellier à Cette, la voie de fer a gagné 29,000 tonnes, et la navigation 1,000 ; de Montpellier à Nîmes, les deux chiffres, et dans le même sens, sont : 43,000 et 5,000 tonnes. Sur le chemin de Paris à Orléans, divisé en quatre sections : 1° Paris à Orléans, 2° Tours à Orléans, 3° Tours à Nantes, 4° Orléans à Nevers, on voit se produire les résultats suivants. La voie ferrée a gagné successivement : 1° 85,000 tonnes, 2° 78,000 tonnes, 3° 20,000 tonnes, 4° 24,000 tonnes. La voie d'eau a perdu : 1° 6,000 tonnes, 2° 7,000 tonnes, 3° 21,000 tonnes, 4° 11,000 tonnes.

Si maintenant nous comparons les résultats généraux des transports par eau et des transports par voie ferrée, non plus seulement dans les années 1855 et 1856, mais aussi dans les années 1850 et 1853, on obtient les résultats suivants [1] :

---

[1] L'unité du poids est la tonne ; la distance parcourue le kilomètre.

	1850.	1853.	1855.	1856.
Navigation.	1,722,000,000	2,164,000,000	2,177,000,000	2,302,000,000
Voie ferrée.	355,000,000	889,000,000	1,578,000,000	1,851,000,000

Après avoir donné avec détails les chiffres comparés du transport par eau et par terre, nous ne donnerons, pour le grand et le petit cabotage [1], que les totaux de chacune des années qui séparent 1851 de 1856 ; — 1851, 2,121,520 tonnes ; — 1852, 2,544,185 t. ; — 1853, 2,417,430 t. ; — 1854, 2,202,376 t. ; — 1855, 2,231,724 t. ; — en moyenne, 2,303,567 t. ; — l'année 1856 a été de 2,432,813 t. ; — augmentation, 129,246 t.

On peut juger maintenant de la valeur de cette assertion tant de fois répétée dans tout ce débat, que les transports par eau sont ruinés. Loin de marcher vers leur ruine, ces entreprises voient leur prospérité augmenter chaque jour. Il s'est produit ici un fait semblable à celui qui a eu lieu pour le roulage. Dès l'établissement des voies ferrées on avait prétendu que toutes les entreprises de roulage allaient disparaître : elles n'ont fait que se déplacer ; il y a aujourd'hui autant de chevaux occupés à ces sortes de transports ; seulement ils ne voyagent plus sur les mêmes routes. Le public est servi, à la fois, par le chemin de fer pour les longs parcours, par le roulage ou la batellerie pour les courts trajets ; et les moyens de transport ayant doublé, l'activité et la prospérité commerciale se sont accrues dans la même proportion.

Mais allons plus loin : admettons, pour un instant, une prévision que tous les faits constatés jusqu'à ce jour repoussent d'une manière péremptoire ; supposons que la batellerie et le cabotage aient disparu ; croit-on que la concurrence soit à jamais détruite ? les compagnies, dit-on, vont relever leurs tarifs, et l'on n'aura aucun moyen de les combattre. On confond, dans toute cette discussion, deux choses profondément différentes : le matériel propre à la navigation, et la voie elle-même, fleuve ou canal. Qui ne se souvient des plaidoyers chaleureux faits en faveur des transports par eau ? On y énumérait complaisamment les frais énormes qu'avait occasionnés l'établissement des canaux. Croit-on que ces dépenses seraient perdues ? le fleuve, le canal ne seraient-ils pas toujours à la disposition du public ? un négociant ne pourrait-il pas, pour deux ou trois cent mille francs, remettre à flot un matériel nouveau, le jour où le chemin de fer aurait relevé ses tarifs ? il les abaissera aussitôt, dit-on. Mais qui ne voit qu'à ce jeu de bascule la compa-

---

[1] On appelle grand cabotage celui qui se fait entre l'Océan et la Méditerranée, et petit cabotage celui qui se fait d'un port à un autre d'une même mer.

gnie perdrait toute la confiance du public et le fruit des sacrifices faits pour tuer la concurrence, et qu'elle n'aura pas la folie de s'y exposer?

Il y a d'ailleurs d'autres causes plus générales qui ne permettent pas de craindre les manœuvres dont on nous menace. Examinez, en effet, comment agissent ces compagnies tant accusées. Sur plus de 2,000 réductions de tarifs homologuées par l'administration pendant l'espace de quinze ans, on ne trouve pas plus de 15 à 20 rehaussements. Les compagnies avaient toutes un maximum de 0,14 c. à 0,16 c., elles l'ont réduit d'une manière générale, et en dehors de tout tarif de faveur, à 0,08 c., et cela aussi bien sur les lignes où elles se trouvaient seules que sur celles où elles rencontraient des rivaux; aussi la diminution est la même sur les chemins de Paris au Havre, Paris à Lyon, de Paris à Marseille, qui ont pour concurrents la Seine, l'Yonne, le canal de Bourgogne, que sur les chemins de Paris à Bordeaux, Bordeaux à Bayonne, Paris à Limoges, qui n'ont pas de concurrents. Le bon sens et l'expérience leur ont appris bien vite qu'en servant la cause du public, elles servaient aussi leurs propres intérêts. Aussi délaissant la pratique ancienne, qui consistait à s'attacher au maximum du tarif, les compagnies ont-elles partout diminué leurs prix. Ce n'est qu'en abaissant les tarifs que l'on augmente le chiffre des transports, et c'est cette augmentation des transports et des bénéfices qui permet, par suite, d'abaisser de nouveau les tarifs. Quand on songe que la compagnie d'Orléans fait encore parcourir à ses wagons plus de 19,500,000 kil. à vide, et que ce chiffre dépasse 200 millions pour le chemin du Nord, on voit que les compagnies, qui entendent leurs intérêts tout aussi bien que les simples négociants, ne sont pas encore à l'extrême limite de l'abaissement de leurs tarifs.

En un mot, et pour résumer cette discussion, la batellerie, le cabotage, marchent-ils à leur ruine? Evidemment non : les faits le prouvent. S'ils étaient ruinés, les chemins de fer relèveraient-ils leurs tarifs? Non, car ce serait du même coup faire renaître la concurrence ; non, car les compagnies, suivant en ce point l'expérience universelle, n'ont abaissé leurs prix que dans le but d'augmenter leur trafic.

VII

Quand nous avons essayé de répondre aux griefs que les chambres de commerce invoquent contre les transports à prix réduits, on a pu voir que quelques‑uns des tarifs attaqués pouvaient présenter des inconvénients aux industries de transport rivales, mais avaient aussi le décisif avantage de servir le public à meilleur marché ; cet heureux résultat n'est pas dû seulement aux tarifs dont on se plaint, il résulte également d'un grand nombre de *tarifs spéciaux*, dont on ne se plaint pas, et sur lesquels nous appelons un instant l'attention du lecteur. Sans passer en revue le trafic de toutes les compagnies et en prenant pour exemple la compagnie d'Orléans, il nous sera facile de faire voir que sans tarifs différentiels, les engrais, le lait, le bétail, les vins, n'auraient pu circuler par toute la France avec les facilités qu'ils ont eues, et que notamment le marché de Paris eût été bien difficilement et bien chèrement approvisionné.

Il existe aux portes de la capitale un engrais précieux, le plâtre ; mais c'est une marchandise encombrante, difficile à transporter et de petite valeur sous un gros volume ; si l'on applique la taxe kilométrique à de pareilles marchandises, elles ne peuvent s'écarter beaucoup du lieu d'extraction, car les frais de transport en rendent le prix trop élevé pour les consommateurs. Faut-il priver l'agriculture d'un bon engrais pour se donner la singulière satisfaction d'interdire les prix réduits ? Avec le prix kilométrique, le plâtre n'aurait guère pu aller au delà d'Orléans ; avec les prix variés en raison de la distance, il a pu arriver jusqu'à Bordeaux. Mais pourquoi, dira-t-on, différencier les prix et ne pas les réduire uniformément sur tout le parcours ? — Parce qu'avec ce prix de 0,10 c. la tonne que l'on demande aux plâtres qui vont de Paris à Bordeaux, la compagnie ne ferait pas ses frais sur un petit parcours, et qu'il est difficile de demander à une entreprise, même monopolisée, de travailler à perte. Et parce que le public ne peut avoir tout le bénéfice qu'on retirerait d'une taxe uniformément réduite, faut-il donc qu'il se prive de l'avantage plus restreint, mais encore immense que la compagnie lui offre ?

La consommation du lait à Paris est considérable, elle dépasse 120 millions[1] de litres par an ; les voies ferrées en transportent près de la moitié, 60 millions de litres qui sont fournis par les pays rayonnant autour de Paris jusqu'à 180 kilom. ; quelle combinaison adopter en face d'une denrée que le consommateur ne veut pas payer au-dessus de 0,15 c. et qui, si on lui appliquait les tarifs kilométriques, ne pourrait être rendue à domicile que pour un prix de beaucoup supérieur ? Évidemment il fallait avoir recours aux tarifs différentiels. Citons encore ici l'exemple de la compagnie

[1] M. Husson, *Consommations de Paris.*

d'Orléans. Au lieu de ne s'adresser qu'aux marchands qui sont en deçà d'Etampes, elle a fait appel aux producteurs jusqu'à Beaugency ; au lieu de ne transporter que 2 ou 3 millions de litres de lait à un prix élevé, elle en transporte 12 millions à un prix réduit ; le consommateur est satisfait, l'expéditeur y trouve son compte, et la compagnie, sur un trafic triple, peut, sans perte, consentir une réduction.

Le bétail méritait une attention toute particulière ; on sait qu'autrefois, alors qu'il était obligé de venir par terre, le consommateur le recevait harassé de fatigue, amaigri ou décimé par les maladies dues à un trop long trajet. Le Charolais envoie ses bœufs à Paris et le point central de départ est Nevers ; le Berry y envoie également son gros bétail, et le point central de départ est Vierzon. La distance entre Nevers et Paris n'est pas la même que celle qui sépare la capitale de Vierzon : on a donc d'abord établi en faveur de Nevers un tarif réduit par rapport à celui de Vierzon, car sans cette mesure, les bœufs du Charolais n'auraient pu se rendre au marché commun. L'égalité entre ces deux villes ne suffisait pas : il a fallu en outre leur accorder à toutes deux une réduction sur le tarif général de la compagnie, car avec ce tarif, les bœufs venus de distances aussi considérables, auraient atteint un prix que le consommateur n'aurait pas consenti à donner ; alors, à l'aide d'une taxe mobile qui, partant de 0,07 c., atteint jusqu'à 0,15 c., selon la distance, on est parvenu à descendre à Sceaux ou à Poissy des bœufs dont le transport, au lieu de revenir à 36 fr., ne ressort qu'à 14 fr. A l'aide de ces combinaisons de tarifs, la compagnie d'Orléans approvisionne annuellement les marchés de consommation de 100,000 bœufs, 10,000 veaux, 80,000 porcs, 280,000 moutons. L'économie résultant de ces tarifs réduits est de 50 p. 0/0 sur le tarif kilométrique, sans compter, comme nous l'avons déjà dit, que le consommateur aurait refusé de payer les 50 p. 0/0, et que par conséquent le transport eût été impossible. On se figure facilement que si ces prix réduits avaient été interdits, les marchés auraient été bien moins approvisionnés, et par conséquent la viande beaucoup plus chère.

Le midi de la France produit de grandes quantités de vins ; avant l'établissement du chemin d'Orléans, ces vins étaient expédiés sur Paris par différentes voies ; ils prenaient soit le Rhône et les canaux, soit la mer jusqu'à Rouen, soit le canal du Midi, la Garonne et la mer à Bordeaux. Ces voies avaient pour les vins un grave inconvénient ; elles étaient lentes, et certains crûs ne supportaient pas un aussi long voyage, et se perdaient ou se détérioraient en route. La consommation du Nord était donc forcément restreinte, pour les vins du Midi, à ceux dont la qualité était supérieure. Toutefois, ces moyens de transport avaient le grand avantage de l'économie ; on ne demandait guère plus de 5 à 6 cent. par tonne et par kilomètre. Si l'on avait forcé le chemin de fer à employer le tarif kilométrique, il n'aurait point obtenu de transports, et aurait laissé subsister l'ancien état de choses. Au contraire, en employant les tarifs différentiels, en demandant très peu pour un long parcours et un peu plus pour les courts trajets, il est arrivé à pouvoir transporter au même prix que les canaux et les fleuves ; restait, à économie égale, l'avantage de la rapidité, qui est énorme pour les vins. La compagnie en transporte annuellement 60,000 tonnes.

Nous pourrions multiplier considérablement ces exemples et examiner les tarifs spéciaux des autres lignes, ici sur la houille, là sur le coton, ailleurs sur le fer, et nous arriverions toujours à cette double conclusion : 1° que pour retirer un avantage de la voie ferrée, il fallait permettre les tarifs à prix réduits ; 2° qu'il était impossible de réduire le tarif uniformément sur tout le parcours, car alors la compagnie n'eût pas fait ses frais.

Il est impossible de calculer avec quelque degré de certitude l'économie qui résulte pour le pays entier de ces réductions de tarifs, mais on peut affirmer qu'elle est extrêmement considérable.

VIII

Nous ne voudrions pas arriver à notre conclusion sans appeler les plus sérieuses méditations du lecteur impartial sur l'importance politique de notre réseau de chemins de fer, et sur l'avenir qui lui est réservé. Ce sera, dans l'histoire, un grand honneur pour l'Empire, d'avoir en si peu d'années construit toutes les artères principales de ce réseau. La France était depuis plus de trente ans déshabituée des grandes entreprises ; les passions tracassières des parlements, l'esprit public, mal dirigé, envisageaient avec crainte tout ce qui pouvait constituer des personnalités imposantes, ou créer une sorte de privilége. Cependant rien ne se faisait ; nous étions en arrière de toutes les grandes puissances. Celles-ci pouvaient dire, non sans une apparence de raison, que dans notre société démocratique, constituée par les lois et les principes de 1789, tout tendait à l'infiniment petit ; que depuis notre sol, qui sous l'action du partage égal, allait tomber en poussière, jusqu'aux minces résultats de nos associations industrielles, tout trahissait un affaiblissement général, qui à la longue nous ferait perdre le rang élevé que nous occupions en Europe. Tout à coup, comme par enchantement, de grandes associations se forment, des capitaux puissants par leur nombre s'engagent sans hésitation dans ces entreprises; notre réseau s'achève, et dans de si admirables conditions, que toutes les nations aujourd'hui prennent nos travaux pour modèles ; toutes offrent à nos ingénieurs des fortunes faites s'ils consentent à diriger les études des chemins nouveaux; toutes copient nos cahiers de charges, qui ont été assez heureusement combinés pour satisfaire à la fois le public et les actionnaires ; et c'est au moment où la prospérité se déclare, que les reproches commencent à se faire entendre, qu'on se plaint des compagnies, qu'on les accuse de manœuvres coupables, qu'on bat en brèche leur légitime et nécessaire influence.

Si l'esprit public, par un de ces retours qui lui sont familiers en France, ne prenait pas bientôt une autre route, c'en serait fait, nous ne craignons pas de l'affirmer, de l'avenir de nos voies ferrées. A voir la singulière imprudence avec laquelle on attaque des institutions qui datent d'hier et qui n'ont encore eu que le tort de rendre d'immenses services, on croirait que la situation des compagnies défie tout mauvais vouloir et que leur excessive prospérité les met à l'abri de toute atteinte. Ne sait-on pas cependant que la moyenne des revenus des chemins de fer ne dépasse pas 5 1/2 0/0, et que c'est à peu près le revenu de la propriété urbaine à Paris? Mais ces 5 1/2 0/0 d'ailleurs, c'est le produit de l'âge d'or des voies ferrées, alors qu'il n'y avait de construites que les artères principales. Aujourd'hui, il ne faut pas oublier que le gouvernement oblige toutes les compagnies à établir les voies d'embranchement, et chacun sait que ces lignes secondaires seront bien longtemps en exercice avant de couvrir leurs frais. Plusieurs lignes principales même ne font pas encore de bénéfices, et lorsqu'on leur imposera des embranchements, la situation sera des plus difficiles. Les 5 1/2 0/0 sont donc très probablement le chiffre le plus favorable de la recette moyenne de nos voies ferrées; l'avenir leur offre plus de charges que de bénéfices probables, sans parler de la reconstruction des voies qui est une affaire considérable.

Si l'injustice publique, venant se joindre à tant de causes réunies, arrivait à faire retirer les capitaux de ces magnifiques et utiles entreprises, qui en souffrirait? Les compagnies, assurément; mais la France plus encore que les compagnies; ce serait un véritable désastre, pour notre richesse comme pour notre politique. Que ceux qui ont la triste passion de l'envie se rassurent; les compagnies ne font pas malheureusement d'aussi brillantes affaires qu'ils veulent bien l'imaginer. D'ailleurs, ce n'est pas le seul point sur lequel ils se trompent. Ils veulent frapper les riches et les puissants, et leur ressentiment s'égare. Ils regardent ces associations comme formées uniquement de personnalités imposantes; elles sont composées en majeure partie de très petits rentiers; et, pour ruiner un Rothschild, il faudrait briser du même coup des milliers de modestes existences [1].

IX

Nous voici arrivé au terme de notre tâche. Quel enseignement pouvons-nous trouver dans ces faits lentement recueillis par nous et dont on ne saurait contester l'exactitude? Des industries rivales des chemins de fer ont, pendant ces dernières années, fatigué les échos de leurs doléances; elles se sont prétendues menacées dans leurs existences; elles ont entassé en outre tous les arguments que la passion ou l'erreur peuvent imaginer; elles ont invoqué les droits de la justice, les principes de 89, l'intérêt de la France; elles ont battu en brèche un système qui avait été paisiblement appliqué, depuis des siècles, chez toutes les nations commerçantes. Que faut-il croire de toutes ces attaques? Que faut-il penser de toutes ces discussions?

On attaque le système des tarifs à prix réduits, et que veut-on lui substituer? Le tarif kilométrique. On nous propose de renoncer à un instrument perfectionné, souple, capable de se prêter à toutes les combinaisons du commerce, de tenir compte des lieux, des temps, des distances, pour le remplacer par une machine inerte, désormais privée de la direction et des efforts de l'homme, et se bornant à accomplir stupidement son évolution périodique.

Maintenant, qui attaque ces tarifs, et à quel titre? Qui les attaque? Non pas l'expéditeur, qui en profite, non pas le consommateur, qui en partage le profit avec l'expéditeur, non pas le pays, qui ne saurait se plaindre de réaliser d'énormes bénéfices sur ses moyens de transport, mais une réunion d'intérêts criards, petits par le nombre, mais ardents à la lutte, ne reculant devant aucun moyen pour s'assurer des avantages qu'ils n'ont pas payés, ce qui n'est pas demander la justice, mais la charité; qui encore? Un certain nombre d'honnêtes gens abusés, qui ont pu céder un moment à de captieux arguments, mais que l'évidence ramènera bien vite, nous n'en doutons pas.

Enfin à quel titre les attaque-t-on? D'abord au nom des principes sacrés de 1789, et c'est là le moyen par lequel on a séduit le plus d'esprits; mais chacun sait aujourd'hui qu'il est facile d'abuser

---

[1] En prenant pour exemple deux de nos grandes compagnies, nous avons pu nous assurer que la moyenne des actions ou obligations réunies dans une seule main ne dépasse pas vingt.

des sentiments les plus honorables, qu'il est aisé de tirer d'un noble et généreux principe les plus fausses et les plus funestes conséquences ; chacun sait que les principes de 1789 ne sont pas mis en danger, si ce n'est par les interprétations de nos adversaires.

On les attaque au nom de la loi ? Mais la loi a écrit formellement dans ses dispositions le droit pour les compagnies d'abaisser les tarifs d'une manière générale ou partielle, avec ou sans condition, sauf l'approbation du gouvernement. Au nom de l'intérêt privé de quelques industries rivales ? mais ces industries ne meurent pas ; elles prospèrent tous les jours à côté des compagnies de chemins de fer. Au nom du monopole qu'on redoute ? mais le monopole est tempéré par le maximum. Au nom de l'intérêt public enfin ? mais nous avons vingt fois démontré dans le cours de cette étude que si quelque chose a servi, sert et doit servir encore l'intérêt public, ce sont ces mêmes tarifs réduits si injustement et si violemment attaqués.

Paris. — Imprimerie de Dubuisson et Cⁱᵉ, rue Coq-Héron, 5.